HEYNE BÜCHER

Das Buch
»Männer passieren mir immer dann, wenn ich knapp bei Kasse bin. Und dann habe ich sie in der Wohnung ...«

Kleine, böse, humorvolle Geschichten über die Verhältnisse zwischen Männern und Frauen, über unwillige Liebhaber, über Männer, denen ihre (männlichen) Freunde wichtiger sind als eine Reise mit der Geliebten, über Frauen, die ihre Männer zu anderen Frauen schicken, über erotische Fantasien, die die traurige Wirklichkeit ersetzen, und über die zahlreichen, gelegentlich sogar tödlichen Gefahren des Liebeslebens. Alltägliche Schauplätze wie Hotelzimmer, Kaffeehäuser oder Duschkabinen werden zu unberechenbarem Terrain, auf dem die scheinbar so harmlosen Protagonistinnen ihre erotischen Abenteuer inszenieren.

»Handfest und hintersinnig sind ihre Geschichten, dabei so komisch, dass einem das Lachen im Hals stecken bleibt. Ein literarisches Bonbon, ein Stückchen bittere Schokolade, das auf der Zunge schmilzt.«

HOFER ANZEIGER

Die Autorin
Margit Hahn, geboren 1960, lebt in Klosterneuburg und Wien.

MARGIT HAHN

HAUTNAH

Erotische Erzählungen

WILHELM HEYNE VERLAG
MÜNCHEN

HEYNE ALLGEMEINE REIHE
Nr. 01/13317

Umwelthinweis:
Das Buch wurde auf
chlor- und säurefreiem Papier gedruckt.

Taschenbucherstausgabe 07/2001

Wilhelm Heyne Verlag GmbH & Co. KG, München
http://www.heyne.de
Printed in Denmark 2001
Umschlagillustration: IFA-Bilderteam/Jacques Alexandre
Innenillustrationen: Birgitta Heiskel
Umschlaggestaltung: Nele Schütz Design, München
Satz: Pinkuin Satz und Datentechnik, Berlin
Druck und Bindung: Nørhaven, Viborg

ISBN 3-453-18928-0

Inhalt

Hans-Peter

Sommer. Heiß, mindestens 30 Grad. Und ich in der Straßenbahn, es ist schwül, ekelhaft, der Mond zunehmend, das ist gefährlich und macht aggressiv, das weiß jeder, die Fenster sind geöffnet, es zieht. Kinder sind quengelig, Erwachsene stöhnen, klagen über Kreislaufprobleme. Die Hitze staut sich. Ich habe meinen Sitzplatz. Und schwitze. Unangenehm. Sehe gespannt aus dem Fenster. Eine Haltestelle. Die Straßenbahn steht, die Türen öffnen sich. Ich beobachte einen Mann, wie er über die Straße geht, auf mich zukommt, schlank, federnder Gang, eine entgegenkommende Straßenbahn biegt in die Kurve ein. Es könnte sich ausgehen. Der Mann schaut in meine Richtung, hört nichts, sieht mich an, ich halte den Atem an. Schon ist er auf den Schienen, ich lächle sanft. Und die Straßenbahn erfasst ihn, sie hebt ihn förmlich aus, die Bremsen quietschen entsetzlich, die Beine in der Luft, als würde er fliegen, oder träume ich, dann sein Fall, leicht und zugleich ungelenkig und der Körper wird von der Straßenbahn mitgerissen, rutscht unter die Schienen. Und wie der Mann schreit. Schrecklich. Aber nicht lange. So laut würde ich auch gerne schreien können. Ich lehne mich mit einer gewissen Genugtuung zurück. Ich hätte ihm zurufen können, ihn warnen, das Fenster stand offen. Ich bin auch verletzt worden, und niemand hat mich gewarnt, Hans-Peter hat es jedenfalls verabsäumt, mich vor sich zu warnen. Es wird also eine Verzögerung auf unserer Linie geben. Die Türen bleiben geöffnet, Fahrgäste steigen aus und gehen zu dem Unfallort. »Das viele Blut!«, schreit jemand. »Er ist tot«, schreit ein anderer. Noch überlege ich, ob ich das sehen will. Nein, es war kein Selbstmord, nur eine kleine Unaufmerksamkeit. Mit Hans-Peter kam es auch zu einem Unfall. Zwischenmenschlich. Das ist noch gar nicht lange her. Das Drama fing schon bei unserer Ankunft in Berlin an. Kaum hatten wir das Zimmer betreten, um vergnügt und voller Verlangen in den Bettlaken zu versinken, bekam er Brechreiz – wahrscheinlich eine sehr gefährliche Lebensmittelvergiftung – und Schmerzen im linken Bein. Doch nicht der Ischiasnerv? Hoffentlich kein Bandscheibenvorfall! Trotz allem hatte er einen beachtlichen Ständer, als er seinen kränkelnden Körper vorsichtig zu Bett brachte. Ich musste das gute Stück aus sicherer Distanz betrachten. Eine Berührung war aufgrund seines Unwohlseins völlig unmöglich.

»Wünscht du dir irgendetwas anderes?«

»Ruhe. Ruhe. Absolute Ruhe.«

»Und Kamillentee? Ich habe übrigens letzte Woche eine berauschende, mir fast die Sinne raubende Nacht mit Claus Peymann verbracht«, behauptete ich beiläufig und hoffte, nicht zu dick aufzutragen.

»Tatsächlich«, antwortete er, »den wollte ich immer schon einmal kennen lernen. Kannst du uns demnächst bekannt machen?« Statt einer Antwort nahm ich resigniert meine Oropax. Ich wünsche

Hans-Peter nichts Böses für die Zukunft. Oder doch?

So in etwa gingen die Tage dahin. Gesundheitlich erholte er sich etwas. Weil das Wetter schön, und es offensichtlich doch langweilig war, auf Dauer so schwer krank zu sein.

»Was willst du unternehmen?«, fragte er mich, leicht gereizt.

»Ich weiß nicht, schauen wir uns im Cinéma de Paris den neuen Film *Encore – Immer wieder die Frauen* an?«, schlug ich vor.

»Hast du etwa noch nicht gehört, wie schlecht der sein soll?«

»Nein. Ganz im Gegenteil. Dann lieber essen?«

»Kultur«, sagte Hans-Peter streng, »wir schauen uns die *Bertolt-Brecht-Fragmente* im Berliner Ensemble an.«

»Bertolt Brecht? Weißt du denn nicht, wie langweilig Brecht sein kann?« Er seufzte und griff nach dem Glas Mineralwasser mit wenig Kohlensäure, aber vielen Eiswürfeln. Er trank hastig und wirkte ein wenig angespannt. Eine Massage hätte ihm gut getan. Mir aber auch.

»Wäre mir recht, wenn du an den Eiswürfeln erstickst«, sagte ich lächelnd. Lächeln ist immer entwaffnend, nicht wahr?

»Die Rechnung«, sagte er laut, schrill und ungeduldig. Gar nicht wie ein Gentleman.

Statt Kultur wollte er plötzlich Schwule schauen gehen. Am Kurfürstendamm.

»Klaus«, erzählte er am Weg zur S-Bahn, »hat Probleme beim Harnlassen. Und leidet unter häufigem Harndrang. Und langsam einsetzendem

Harnstrahl. Ist das nicht verdächtig?« Was sollte ich darauf schon antworten?

Vor der Station der S-Bahn saßen Bettler. Ein Jammer. Das entsprach nicht unseren ästhetischen Ansprüchen. Savignyplatz. *Christopher Street Day*. Die Männer interessierten mich auch. Sensationell! Leder. Haut. Strapse. Nackte Brüste. Mehr oder weniger behaart. Alles da. Nett anzusehen. Ich war entzückt. Drahtige Schenkel, Muskeln, pure Männlichkeit, braun gebrannte, zähe Burschen, Musik, geile Stimmung. Ich fotografierte aufgeregt und hörte nicht auf zu schwärmen.

»Sieh doch, Hans-Peter, der hat unter seinem kurzen Röckchen gar nichts an! Toll!« Hans-Peter zog mich erschöpft in eine Seitengasse. Er ermüdet so schnell. Und besonders dann, wenn ich gerade in Schwung komme.

Die Tage mit ihm waren grässlich. Obwohl ich in ihn verliebt bin oder war, oder? Na ja, ich rede mir gerne gut zu. Ich hatte diese Reise nicht mit ihm antreten sollen. Nicht jeder hält soviel Nähe aus. Noch dazu Berlin. Ausgerechnet. Es wäre besser gewesen, er wäre in Wien mein Gelegenheitsliebhaber geblieben. Wir haben uns bei unseren Vorstellungen von einem gemeinsamen Urlaub in einer Weltstadt wohl etwas übernommen.

Als ich nach einem ausgedehnten Einkaufsbummel – irgendetwas muss sich der Mensch ja gönnen – in unser Zimmer kam, überraschte mich seine Nachricht: ein schlichter Dreizeiler, dass er abgereist ist. Abreisen musste. Sein bester Freund muss zu einer Untersuchung – es besteht Verdacht auf eine Entzündung der Vorsteherdrüse, chronisch vielleicht, aus ungeklärten Gründen – und

Klaus will partout wegen dieser delikaten Angelegenheit ins Spital begleitet werden. Verständlich.

Das hatte ich Hans-Peter dann doch nicht zugetraut, dass er schneller als ich einen originellen Grund hatte abzureisen. Es war bitter.

Na was soll's. Endlich konnte ich in Ruhe fernsehen. Duschte, masturbierte, in aller Ausgiebigkeit und rekelte mich nun allein im herrlich breiten Bett. Konnte ausschlafen. Lesen. Lange frühstücken. Ein bisschen einkaufen. Die Wirtschaft ankurbeln.

Urlaub eben.

Ich verlasse nun auch die Straßenbahn, weil ich Lust bekomme, die Leiche anzuschauen. Was schwierig ist, weil es schon so viele andere Interessierte gibt. Ich muss erst ein paar Leute etwas grob beiseite schieben. Dann sehe ich ihn. Ein Anzug von Gucci. Eine zerbrochene Brille, die war mir gar nicht aufgefallen, eine braune Lederaktentasche und tatsächlich sehr viel Blut. Er hat gar keine Ähnlichkeit mit Hans-Peter.

Ich mag Männer. Ehrlich.

Der Liebhaber

Männer passieren mir wie Lederjacken oder Friseurbesuche – immer dann, wenn ich schon knapp bei Kasse bin. Und dann habe ich sie plötzlich in der Wohnung und ständig auf meinem Klo sitzen und Bücher lesen. Aber im kurzen Rausch des Begehrens sieht man über so manche Schwäche großzügig hinweg. Männer benutzen mein Haarshampoo, meine Seife – selbst die Packung Damenbinden war schon einmal verschwunden –, meinen Computer, meine Disketten, mein Geld, mein Telefon, und sie leeren den Kühlschrank. Aus Dank rennen sie provokant mit bunten Unterhosen durch die Wohnung. Sie schnappen sich die Fernbedienung und drücken auf Sport. Geil. Aber wehe, ich greife einem auf den Schenkel – zärtlich.

Zum Beispiel Hans. Ich habe ihn an einer Autobahnauffahrt kennen gelernt. Autostopper. Auf Reisen. Wir unterhielten uns angeregt über Mythen und Mythenforschung. Ein informierter Mensch, der auch meine Träume in meinem Sinn zu deuten verstand. Ich lud ihn für eine Woche ein. Nur eine Woche?, fragte er. Ich muss dich erst kennen lernen, antwortete ich vorsichtig. Weltreise, erzählte er, das Geld gehe ihm aus. Ich seufzte und gab ihm einen Tausender. Er wird sicher ein guter Liebhaber sein. Und mich auch beim Sex unterhalten, hoffte ich. Was ist schon Geld heutzutage? Leben, so intensiv es geht. Dann verschwand er im Bad. Stundenlang. Zuhause habe er keine Badewanne, erzählte er. Ich kochte. Er aß. Mit Stringtanga und schwarzem Leiberl. Dann war er nur gesättigt und müde. Lauter gute Gefühle im Bauch, sagte er. Was für eine Enttäuschung!

Ich machte es mir vor dem Fernseher gemütlich. Schon war er wieder putzmunter. Die Fernbedienung bei ihm. Fußball. Regt die Verdauung an, versicherte er, und streichelte seinen Bauch. Ich langweilte mich und griff – weshalb wollte er sonst so verführerisch sein? – auf seinen nackten, behaarten Schenkel. Er zuckte zurück, sah mich unschuldig an und fragte, ob ich ihm mein Auto borge. Er fühle sich hier außerordentlich wohl. Ich ließ ihn allein fernsehen, ganz bestimmt ist er ein faszinierender Liebhaber, händigte ihm den Autoschlüssel aus – soll sich der Gast bei mir nicht wie zu Hause fühlen – und ging schlafen.

Soll ich dir die Schulter massieren, fragte ich ihn am Morgen beim Frühstück, ich war extra früher aufgestanden, dabei esse ich nie so zeitig. Ihn zu massieren, war unverfänglich, ich wollte vorsichtig sein, zurückhaltend, eine gewisse Intimität herstellen, ich wollte nicht aufdringlich wirken, und schließlich musste ich gleich ins Büro. Er ließ es geschehen. Als ich aufhören wollte, sagte er, wie mein Exgeliebter Alex nach einem Orgasmus, mach bitte weiter.

Dann raste ich ins Büro. Am Abend wollten wir ausgehen. Nachmittags rief er mich im Büro an: Mit dem Auto hatte er einen kleinen Unfall gehabt. Er besitzt leider keinen Führerschein. Nichts als Schwierigkeiten, ich verbrachte Stunden bei der

Polizei. Zu ihm blieb ich freundlich, er wird sicher ein zärtlicher Liebhaber sein. Ich zeigte ihm Wien: den Prater, Schönbrunn, den Stephansdom, den Lainzer Tiergarten, die Nachtlokale. Ich lud ihn gerne ein, er wird sicher ein fantasievoller Liebhaber sein.

Kaum zu Hause, sagte er, dass er jetzt allein sein müsse. Diese vielen Eindrücke des ganzen Tages. Schreibst du auch Tagebuch?, fragte er.

Noch nicht, antwortete ich, aber es kann nicht mehr lange dauern, bis ich damit anfange. Ich zog mich zurück. Konnte lange nicht einschlafen, so ein attraktiver, junger, gut gebauter Mann, dunkelbraune Augen mit langen Wimpern, ohne Mundgeruch, in meiner Wohnung. Wunderbar. Sicher ein leidenschaftlicher Liebhaber.

Als ich am nächsten Tag die Wohnung verlasse, schläft er noch. Ich hinterlasse ihm einen schriftlichen Morgengruß. Er holt mich vom Büro ab. Wir gehen ins Kino. Urania. Ganz bewusst wähle ich einen erotischen Film. Rote, gepolsterte, bequeme Sessel. Bei einer sinnlichen Szene im Film greife ich zaghaft nach seiner Hand. Er drückt sie väterlich, nickt mir zu, lässt sie los. So kann das doch nicht weitergehen! Meine Geduld ist bald am Ende. Wie lange soll ich noch warten? Er ist durchtrainiert, muskulös, sicher mit guter Kondition und bisschen erhöhtem Blutdruck, ich ebenfalls eine sportliche, attraktive, ganz und gar nicht durchschnittliche Person. Er weiß doch, warum ich ihn bei mir aufgenommen habe. Er sitzt nur lässig und entspannt da, die Schenkel ein wenig gespreizt. Eine Provokation. Entschlossen greife ich ihm zwischen die Schenkel. Durch die Jeans nichts zu spüren. Er will meine Hand wegschieben. Keine Chance. Ich greife fest zu. Da ist der Film schon zu Ende. Das Licht im Saal wird aufgedreht. Hans springt hastig auf. Hüstelt. Bei der Heimfahrt sprechen wir kein Wort.

Zu Hause frage ich, wie hast du dir das vorgestellt? Seine Stimme wird schrill. Gar nicht, schreit er, was meinst du überhaupt? Du weißt schon, antworte ich. Bei dir ist es sehr gemütlich, sagt er, aber du bist mir noch nicht vertraut. Ich muss dich erst besser kennen lernen.

Er wird ein ausdauernder Liebhaber sein. Meine Freundin hat mich verlassen, sagt er, mir geht es gar nicht gut. Ich habe kein Mitleid. Was geht das mich an. Seine Vergangenheit ist mir egal. Ich habe auch erst vor kurzem meinen Freund Alex aus der Wohnung geworfen, erkläre ich daher. Ehrlich?, fragt er naiv. So ist das eben im Leben, Menschen kommen und gehen, antworte ich. Alex, erzähle ich, habe ich in der Autobahnraststätte kennen gelernt. Er taugte mäßig zum Liebhaber und langweilte mich. Er hatte nicht einmal einen interessanten Freundeskreis.

Er räuspert sich, sagt, er sei müde, geht schlafen. Das Fernsehprogramm ist schlecht. Als es endlich Mitternacht ist – und es ist Vollmond –, gehe ich zu ihm ins Gästezimmer. Streife das Seidennachthemd ab. Lege mich zu ihm. Er schnarcht, ich gebe ihm einen kleinen Tritt, ziehe ihm die Decke weg. Der rote Stringtanga leuchtet im Mondlicht. Ich muss lächeln. Du wirst doch nicht müde sein, raune ich in sein Ohr. Ich habe einen Migräneanfall, stöhnt er. Ich gehe ins Bad, hole eine Packung Kopfschmerztabletten, ein Glas Wasser, reiche ihm beides, er schluckt das Medikament tapfer, nimmt sicherheitshalber gleich zwei Tabletten, ein nasses Handtuch lege ich auf seine Stirn. Zur Abkühlung. Dann entledige ich ihn seines Tangas.

Der schnürt doch nur ein, sage ich.

Mir geht es sehr schlecht, flüstert er.

Sein Schwanz ist klein und liegt wohlgefällig in meiner Hand. Es formt sich. Ich arbeite ruhig und routiniert. Als es die richtige Größe für mich hat, ein ganz durchschnittliches, glattes Glied, beschnitten, stülpe ich ein Präservativ darüber, setze mich auf ihn und lasse das Glied langsam in mich gleiten.

Jetzt ist es ja doch ganz schön, haucht er.

Ich bin wirklich eine raffinierte Liebhaberin. Langsam, mit rhythmischen Bewegungen reite ich auf ihm. Er liegt da wie ein hingestreckter toter Engel. Das Handtuch auf seinem Schädel wirkt ein wenig lächerlich. Als er kommt, gibt er einen schwachen Seufzer von sich.

Am nächsten Morgen hängt das Präservativ schlapp an seinem Glied. Ich lächle ihn aufmunternd an. Er hat Fieber. Ich melde mich im Büro krank. Jetzt gehen wir es erst richtig an, sage ich liebevoll.

Lara

Wie Lara das Bier abzapft am Bierhahn, hingreift, den Hebel herunterzieht. Ihre Armreifen klirren. Das Bier füllt die Glaser. Hart werden sie auf der Theke abgestellt. Hände führen die Gläser zum Mund, Zungen schlecken den Schaum von den Lippen ab.

Laras Finger, die am Bierglas entlang auf und ab gleiten. Wenn sie einen Schwanz, vielleicht meinen, fest in der Hand hätte. Statt dem Bierkrug. Wenigstens einmal. Mir ist heiß, ich schwitze, ich trinke zu viel, »noch ein Bier«, sage ich. Warum denke ich daran, jetzt, Lara, wenn du nur wüsstest. Ich spüre, wie mein Penis größer wird zwischen meinen Beinen, wie er sich aufrichtet, ich drücke die Schenkel zusammen. Zwischen den Schenkeln mein großes Glied, niemand soll es sehen, ich reibe es an der Hose, die Haut schon entzündet, so oft und gerne mache ich das, eine besondere Erregung. Ein angenehmer Schauer jagt durch meinen Körper.

Wie sie an der Bar lehnt, wie ich den Rock hoch-, ihre Hose beiseite schiebe und eindringe, von hinten, während ich durch den Spiegel ihr Gesicht sehen kann, ihr Gesicht, das mich auffordernd anlächelt und weiter antreibt. Ihr Mund, der sagt, ja, komm, komm nur, aber schön langsam.

Ich beobachte die Männer, die sie beobachten,

ich lächle Lara zu. Ihre Beine sind muskulös, mein Trinkgeld ist immer großzügig, ihr Haar ist blond, gescheitelt, Stirnfransen. Sie ist etwa Mitte vierzig, gepflegt, charmant. Ihr Gang ist sicher und selbstbewusst, »wie geht's?«, ihre Frage auf den Lippen, ein offener Blick, und schon bin ich versucht, meine Lebensgeschichte zu erzählen, ein Detail, einen Witz. Etwas Spannendes erleben, von dem ich berichten kann, ein erfolgreiches Geschäft, eine interessante, geile Frau, die ich in der U-Bahn kennen gelernt habe, eine Begegnung im Kaffeehaus, eine Telefonnummer, die man mir im Lift zugesteckt hat, ein lockeres, unverbindliches Gespräch, Fantasien erzählen, ein Märchen, eine Idee, die ich ausschmücken kann, auch ich habe etwas Aufregendes erlebt. Die Stellung, wie es war, wie aufregend, wie geil sie auf mich war, die Fremde. Das auch, natürlich. Eine schöne Frau, selbstverständlich. Sex mit einer sehr schönen Frau. Was sonst? Lara lacht schrill und fragt den nächsten, »wie geht's, was gibt's Neues, gibt es denn etwas Neues? Komm erzähl, oder hast du Probleme«, und stellt das Bier ab. Hin und wieder darf es auch ein kleiner Brauner sein, oder manchmal bestellt einer Sekt. Sekt für die Frau, die ihn begleitet. »Nichts ist zufällig«, sage ich dann.

»Es gibt etwas Neues«, sage ich und fasse nach Laras gepflegter Hand. »Sperma ist gesund für Frauen«, flüstere ich, »bist du dir dessen bewusst? Das Eiweiß, Lara.«

»Geschlechtsverkehr gesund? Davon kann keine Rede sein«, widerspricht sie leise und entzieht mir ihre Hand, »denk nur an Pilzerkrankungen oder Filzläuse.«

»Das Eiweiß«, sage ich, »legt sich um die Gebärmutter ...«

»Ich glaube, du trinkst zu viel Leitungswasser«, seufzt Lara.

»Ist mir schon klar, dass du Bier verkaufen willst.«

»Aber du weißt doch, oder weißt du das etwa nicht: durch die Ausscheidung gelangen die weiblichen Hormone ins Grundwasser und damit ins Trinkwasser ... und wenn Männer davon trinken, werden sie verweichlicht und impotent«, erklärt sie.

»Ist das wahr, Lara? Ist das wirklich wahr?« Ich bin entsetzt.

»Merkst du es denn nicht?« Lara lacht schallend.

»Deine Telefonnummer, Lara, ich würde dir gerne beweisen ...«

»Kriegt niemand!«

Meine Erregung ist vollkommen verebbt, Lara spricht vom Heimgehen, sie sieht auf die Uhr, sie sei müde, »die letzte Runde, wer will noch was, erzähl morgen weiter, komm doch morgen wieder«, morgen müsse sie wieder hier stehen. Wie sie dann wieder riechen wird. Aufregend, was wird sie anhaben, das kurze Weiße oder das enge Schwarze?

Ich beneide sie um ihren Beruf, immer neue Gesichter, sie kann sich die Männer aussuchen, während wir alle erwartungsvoll an der Bar stehen, um Aufmerksamkeit heischen, in der Hoffnung, dass sie vielleicht irgendwann einmal einen von uns, oder gar mich, mitnimmt. Mitnimmt in ihre Wohnung, aufnimmt in ihre Lust, ob sie mich auch begehrt? Nie nimmt sie jemanden mit. Oder verabredet sie sich heimlich an der Straßenecke oder vor ihrer Wohnung? Sie schüttelt uns ab, als wären wir ihr lästig. »Bist du verheiratet?« – die Frage, die wir wohl alle stellen oder gestellt haben, nüchtern oder schon betrunken.

Die Zigarette im Mund, »darf ich dich auch auf etwas einladen?«, frage ich.

»Ja, gerne.«

Sie schenkt sich ein, große Gläser, randvoll, italienischen Rotwein, sauteuer, aber wirkt, sie stößt ihr Glas gegen meines, sie nippt, trinkt einen kleinen Schluck, sie richtet ihren Blick auf mich, »na dann Prost, erzähl« und dann ist das Glas leer, und »darf ich noch, lädst du mich noch auf eines ein?«, und »selbstverständlich.« Und dann sehe ich, sie schüttet den Wein ja doch in den Ausguss. Lieber würde ich das nicht sehen. Schließlich bezahle ich. Ich bin empört und seufze »trink mit mir, komm, stoß an, noch ein Bier für mich. Erzähl mir von dir, du.« Sie zuckt mit der Schulter, »nichts da, ein langweiliges, ganz durchschnittliches Leben, siehst du, da in der Bar, aber sonst ...« – »Was sonst?« – »Ja, sonst, wenn ich nicht in der Bar bin, das Übliche, schlafen, die Tochter, eine Tochter, die ist schon selbständig, ich bin allein erziehend, einkaufen, Haushalt, im Sommer das Strandbad.«

»Ich will jetzt zahlen, du strengst mich einfach an, Lara, darf ich dich ein Stück begleiten?«, frage ich, aber es kommt nur langsam über meine Lippen, es ist die Wirkung des Alkohols, ich stehe auf, ich lege meinen Arm um ihre Schultern, sie riecht gut, perfekt wie immer, nie nach Schweiß, aber sie schüttelt mich ab, »ich gehe allein«, sagt sie laut und lacht, »da bin ich sicherer unterwegs.« »Komm gut heim, bis morgen dann, pass auf dich auf«, was für scheußliche Sätze, ich gehe allein heim, mein Kopf fühlt sich schwer an, ich starre auf den Gehsteig, ich muss mich an eine Hauswand lehnen, mir ist schlecht.

Zu Hause stelle ich mich vor den Spiegel, ich ziehe mich aus, nackt, ich presse meinen Unterleib gegen den Spiegel und reibe mich. Ich könnte heulen. Ich stoße meinen Unterkörper gegen den kalten Spiegel, immer wieder, immer wieder, fester, der Spiegel zittert, ich stelle mir einen anderen Körper vor, einen Frauenkörper, Laras Körper, ich sehe Haut, ich sehe Lara mit ihren muskulösen Beinen.

»Bis an die Decke konnte ich früher spritzen«, erzählte einer neben mir, an der Theke, »aber heute, mit vergrößerter Prostata …«

»Und ich habe Probleme mit dem Herzen, oder mit den Herzkranzgefäßen, Verengungen«, antwortete ich sachlich, »einen erhöhten Cholesterinwert, nebenbei schlechte Leberwerte.«

«Na dann prost«, erwiderte er, »dem folgt konsequent die Impotenz, nicht wahr?«

»Tatsächlich?«

Der Mann lachte unheimlich. »Die Impotenz ist eine kluge Einrichtung der Natur«, sagte er, »für Männer, die sich verweigern wollen.«

»Wie praktisch. Und wenn ich mich gar nicht verweigern will?«

Der Mann schloss bedeutungsvoll die Augen.

»Ab wann gilt ein Mann als impotent?«, setzte ich nach.

»Angeblich nach zehn Jahren ohne Erektion.«
Ich lehnte mich beruhigt zurück.

Ich betrachte mich wieder, da ist nichts, nichts, was sich aufrichtet, nichts, was ich anfassen will. Lara in meinem Spiegelbild, und ihre Fingernägel, rotlackiert, »gutes Aussehen ist wichtig«, sagt sie, »gepflegt aussehen, besonders die Hände«, Handcreme verwende sie immer. Ihre Hände sind immer ein wenig fettig vom Eincremen. Und unter den Achseln ist sie rasiert, selbstverständlich, und an den Beinen ebenfalls. »Rasierte Beine sind Pflicht heutzutage», sagt Lara und grinst kokett. Ich will etwas zwischen meinen Beinen spüren, das sich beweg, aufrichtet, groß und mächtig wird, vielleicht werde ich bald zu einem Arzt gehen. Ab und zu blase ich meine Puppe auf, die ich Lara genannt habe, lege mich auf sie, am Kunsthaar – kein echtes Haar, mir macht niemand mehr etwas vor – reiße ich ab und zu fest. Manchmal quietscht sie. Weil sie so trocken ist – und wenn ich noch nicht schwitze. Ich sollte sie einölen, aber wer will schon ins Glitschige fassen? Sie fühlt sich angenehm kühl an und sagt nichts Kluges.

Die Lara in der Bar sagte: »Hör auf, über Sex zu reden. Das ist doch langweilig, das ist uninteressant«, als ich ihr erzählte, dass ich beschnitten wurde und wie leicht erregbar ich seither bin. »Bitte«, antwortete Lara, »was soll ich mit dieser Information? Männer werden immer impotenter, oder willst du jede wissenschaftliche Studie widerlegen? Sie verlieren ihren Urtrieb«, sagte Lara, »sie saufen ihn nieder. So wie du.«

Ich sage Lara, wie sehr sie mir gefällt, ich starre

gerne auf ihre Brüste, die sich leicht bewegen. Immer trägt sie einen BH. Aber wenn sie keinen tragen würde ... Ich will auf Lara liegen, ihren Namen flüstern dürfen, durch ihr blond gefärbtes Haar streichen, sie würde mir zeigen, dass es am Haaransatz schon weiß ist, vielleicht wären mir Geständnisse dieser Art peinlich, ich möchte mein Glied in Lara hineinstoßen und in ihr Gesicht sehen dabei, und danach entspannt ihren weißen Haaransatz betrachten.

Ich will Laras Hingabe und meine Leidenschaft. Mein Glied erschlafft so rasch, kaum will Lara hingreifen, es fassen, erschrickt es und zieht sich zurück. Lara, nein. Bitte doch nicht jetzt, Lara, was willst du von mir? Sieh doch, was du angestellt hast, Lara. Ich glaube nicht, dass du eine natürliche Beziehung zu deinem Körper hast, Lara. »Was willst du damit sagen«, würde Lara fragen, »du projizierst nur dein Problem auf mich.«

Lara ist eine kluge Frau, die meine Schwächen wie eine Ärztin durchschaut.

Mich innen ausbreiten dürfen, ohne Angst, Lara. Das darf ich mir doch wünschen, oder?

Ich habe einen Orgasmus, einen schwachen, nichts Aufregendes, ich rede mir gut zu, das hätte nicht sein müssen, das nicht, nicht jetzt, nicht heute, ich muss noch lernen, mich besser zu beherrschen, zurückzuhalten, die Bilder werden blass, ich löse mich von dem Spiegel, ich betrachte nüchtern meine Scham, bald schon werde ich zu einem Arzt gehen. Vielleicht.

Ich liege im Bett, mein Glied schmerzt, die Erregung zu heftig, zu intensiv – ich bin also doch ein emotionaler Mensch, gar nicht nur der kühle Brünette mit dem weichen Kern, wie Lara immer behauptet – der Penis ist hart, gegen die Decke gerichtet, meine Fantasie vermag ihn aufzurichten, ich muss mich zähmen, ich muss jetzt schlafen, es ist schon spät, ich zeichne Brüste in die Luft und denke an autogenes Training, ich schiebe alte Bilder weit weg von mir, sie lösen sich auf. Der Schwanz tut weh – und hält eigentlich viel aus, seltsamerweise. »Ein Phantomschmerz, nicht wahr?«, flüstert Lara. Oder lacht sie schon wieder? Oder soll ich ihr erzählen, dass ich noch gar nicht beschnitten wurde? Und dass ich eigentlich sehr schwer erregbar bin.

Man isst nicht nackt

Die Tage sind hell und leicht.
Die Waschmaschine läuft.
Der Geschirrspüler.
Das Bügeleisen.
Der Fernseher. Beim Bügeln.
Das Radio in der Küche.
Manchmal wird da gekocht.
Und wenn es heiß ist, dann nackt.
Und das soll unhygienisch sein.
Und gefährlich.
Vor dem Kochen cremt sie sich ein.
Hell ist die Haut.
Sie betrachtet sich im Spiegel, der da steht in der Küche.
Zart sind die Hände.
Scharf ist das Messer.

Heute steht das Frühstück noch auf dem Tisch. Sie sieht fern. Nackt. Ein Thriller. Sie cremt sich ein. Das Telefon läutet. Hastig springt sie auf.

Die Stimme unvertraut. Ein kurzes Gespräch. Einer vom Club der einsamen Herzen. Sie zieht ein leichtes, durchsichtiges Kleid an, ruft ein Taxi, schnell, geschminkt, die Haare rasch aufgesteckt, Geldbörse eingesteckt, der Taxichauffeur läutet. Sie rennt aus dem Haus, schnell zum Bahnhof. Der Taxichauffeur betrachtet sie im Rückspiegel.

Sagt, würden Sie mir bitte eine Zigarette anzünden?

Er reicht ihr eine. Auf die Zigarette ist eine Telefonnummer gestempelt.

Sie können sie behalten, lacht er sie an.

Statt einer Visitenkarte?, fragt sie.

Sie zündet sich die Zigarette an.

Schade, sagt der Chauffeur.

Ja, so hart ist das Leben, antwortet sie.

Taxifahren ist ein anstrengender Beruf, behauptet er, vor allem nachts. Die Betrunkenen, die dann erbrechen im Auto. Unappetitlich. Oder die, die dann plötzlich kein Geld bei sich haben.

Er redet ununterbrochen weiter, wie langweilig. Sie betrachtet seine Hände auf dem Lenkrad. Stark behaart.

Endlich sind sie am Bahnhof.

Eine Fahrkarte nach Salzburg, bitte rasch. Die Zugfährt dauert. Im Speisewaggon lädt sie den Mann, zu dem sie sich setzt und der ihr gefällt, zum Essen ein. Sie trinkt Rotwein. Sie greift dem Mann auf den Unterarm, spielerisch, drückt heftig zu und dann: sie verlangt seine Telefonnummer. Wann sie wieder in Wien sein werde. Das wisse sie nicht. Irgendwann. In einem oder drei Tagen. Der Mann ist jung, hat dichtes schwarzes Haar, trägt einen Vollbart. Er riecht gut. Er erzählt von seiner Arbeit. Er konstruiert Elektronik für Brandschutztore. Er entwickelt da etwas Neues. Das interessiert sie gar nicht. Ihr Körper vibriert. Sie hat ein Sehnen. Die Haut spannt, angespannt ist sie. Von den Zehen bis unter die Kopfhaut. Die Brüste, der Bauch. Sie will sich der Hand entgegenbewegen.

Sie will den anderen Körper spüren. Der Mann prostet ihr zu. Er redet von seinen Erfolgen. Seine weißen Zähne kommen auf sie zu. Sein Mund, seine Lippen.

In Linz verlässt der Mann den Zug. Sie winkt ihm noch einmal. Er greift nach seiner Krawatte. Er winkt fröhlich zurück. Sie wird ihn nie wiedersehen.

Salzburg. Sie hat es eilig. Ein Taxi. Zum Hotel Post.

Zielstrebig geht sie zur Rezeption. Der Mann hinter dem Pult im dunkelroten Sakko lächelt sie merkwürdig an. Vielleicht auffordernd.

Wann haben Sie Dienstschluss, fragt sie.

Er zuckt leicht gereizt mit der rechten Augenbraue.

Warum wollen Sie das wissen?

Sie sehen aus wie jemand, der Sex mit schönen Körpern möchte.

Woher wissen Sie das?

Sie sind einer mit einer weißen Leber, ich sehe es Ihnen an.

Das verstehe ich nicht.

Aber Sie wissen doch, was blaues Blut ist, oder?

Der von voriger Woche, der fällt ihr wieder ein, unter *Jack-Nicholson-Typ, mit bewundernswerter Figur und männlich charismatischer Ausstrahlung, unwiderstehlich und umfassend gebildet, unkonventioneller Ästhet mit Humor, romantisch wie die indianische Flöte in der Prärie, hinreißend sinnlich, sucht Frau ohne Angst vor Nähe,* hatte er inseriert. Sie war beeindruckt. Sie hatte für den kleinen Mann (sein Urgroßvater war Russe gewesen, angeblich) mit den schmalen Schultern und dem etwas breiten Becken, aber mit süßem Schnurrbärtchen, Kuchen gebacken. Extra. Nusskuchen serviert. Mit Schlagobers. Er durfte in ihrem Wohnzimmer auf der Couch Platz nehmen. Starken Kaffee mit einem Schuss Whiskey hatte er bestellt. Dazu wollte er fernsehen. Sie war großzügig. Und sehr interessiert. Während der Werbung erzählte er von seinem Beruf. Er war Briefträger. Er schnupperte immer an den Briefen. Er rieche gerne, behauptete er. Sie hatte sich vor kurzem für ein teures Parfum entschieden. Das machte sie sicher, also antwortete sie ruhig und sachlich, dass sie jetzt Zärtlichkeit verdient habe. Jetzt, nach Kaffee und Kuchen und so. Und dass es nur ein paar Schritte bis zum Schlafzimmer seien. Ein paar Schritte nur. Und dass sie schnell ausgezogen sein werde. Er räusperte sich heftig. Weswegen sei er sonst gekommen? Das Inserat, das sei doch eindeutig gewesen, oder? Er sei Briefträger, sagte er. Er liebe seinen Beruf. Eben. Briefe auszutragen sei nahezu seine Berufung. Sie packte den Rest des Kuchens für ihn ein. Da würde seine Mutti auch noch mitnaschen, sagte er hocherfreut.

Vielleicht gefallen Sie mir, Herr Portier, aber nur vielleicht. Ich bin schon verabredet.

Geschäftsführer, ich bin der Geschäftsführer, widerspricht er aufgeregt. Kann ich den Schlüssel von Zimmer 412 haben?

Er dreht sich um. Schuppen. Dicker Hals, breiter Rücken.

Sie werden schon erwartet. Vierter Stock, sagt er anzüglich, Sie müssen das Zimmer im Voraus bezahlen.

Sie bezahlt bar.

Im Lift steht ein Mann, der höflich grüßt. Im zweiten Stock reißt er plötzlich seinen schwarzen Mantel auf. Sein Gesicht ist sauber und gerötet. Sein Glied wirkt unberührt klein, zerbrechlich, und es hängt ein wenig leblos aus dem Hosenschlitz. Desinteressiert sieht sie es kurz an. Nein, darauf ist keine Telefonnummer tätowiert. Dann sind sie im vierten Stock, sie steigt grußlos aus.

Ich bin Immobilienmakler, schreit er ihr hektisch nach. Wenn Sie einmal etwas brauchen ... Die Liftfür schließt automatisch.

Die Zimmertür Nr. 412 aus hellem Holz ist nur angelehnt. Sie betritt leise den Raum, die Tür zum Bad steht offen, sie hört das Rauschen des Wassers, sie geht ins Bad, es ist hell erleuchtet, aber niemand da. Rote Fliesen. Heißer Wasserdampf. Auf den Spiegeln nichts zu sehen. Sie lässt die Tür offen.

Sie denkt an die Küchenspiegel, die laufen auch öfter an. Zum Beispiel, wenn Wiener Schnitzel in der Pfanne braten. Das Fett spritzt. Spritzt auf nackte Haut.

Mit der Gabel sticht man in die Schnitzel und fischt sie aus dem heißen Fett. Spätestens jetzt zieht man sich etwas an. Etwas Leichtes, Dünnes, Durchsichtiges. Man isst nicht nackt.

Sie kann sich nicht betrachten. Im Spiegel. Sie schlüpft aus den Schuhen, aus dem Kleid. Sie stellt sich unter die Dusche. Das Wasser hat die richtige Temperatur. Waren da Hände, die sie einseiften, trocken rieben. Aber nein. Sie löst die Haarspangen aus ihrem Haar. Nass fällt es über die Schulter. Vorgestern hat sie einem Mann erzählt, dass sie seit fünf Jahren keinen Sex mehr hatte. Entsetzt hatte er sich abgewandt.

Er war fremd. Eine Zufallsbekanntschaft in einer Bar. Nach Dienstschluss. Sie servierte ihm Schweinsbraten, weich, mit Knödel und Sauerkraut. Er aß schnell, mit großen Bissen und verschlingenden Blicken. Dabei erzählte er von seiner Arbeit, Bankangestellter aus Leidenschaft, Abteilungsleiter. Mit grauem Anzug saß er da. Groß, etwas dicklich. Unsportlich. Er sprach von Zinsen und Erfolgskunden. Von Privatkunden und Firmenkunden. Er trank mit großen Schlucken Bier. Die Hände groß und plump. Die Fingernägel zwar gepflegt, aber lang. Von so einer Hand wollte sie nicht angefasst werden. Sie schwieg lange. Dann aber sagte sie, ich habe seit fünf Jahren keinen Sex gehabt. Kurz sah er auf. Er schüttelte den Kopf. Er schnallte den Gürtel enger. Obwohl er gerade so viel gegessen hatte. Sie wirkte wohl unnatürlich auf ihn. Er sah auf die Uhr. Und ihr nicht mehr in die Augen. Er hat es eilig, er muss jetzt gehen. Seine Hand schwitzte. Die Gabel legte er artig neben den Teller. Aber hastig, sehr hastig. Die Nachspeise, fragte sie, die Topfenknödel? Aber er war nicht mehr hungrig.

Sie steigt langsam aus der Dusche, sie greift nach dem weichen Badetuch, sie legt es wieder beiseite, es ist, als fieberte sie, Hände, die sie anfassen, zärtlich, behutsam und wild. Sie geht vom Bad ins Zimmer. Im Zimmer ist es dunkel. Die Vorhänge zugezogen. Ihre Augen gewöhnen sich langsam daran. Sie legt zwei Tausender auf den Nachttisch. Alles hat seinen Preis. Sie schlägt die Decke zurück. Nackt liegt er da. Erregt. Das Präservativ glänzt und hat Noppen. Wassertropfen fallen auf ihn. Sie betrachtet ihn. Er hat dichtes, dauergewelltes Haar. Seine Augenbrauen sind ebenfalls auffallend dicht. Er sieht aus wie auf dem Foto. Sein Lächeln ist sympathisch. Sein Körper drahtig, muskulös. Und er riecht gut. Sie lässt ihre Fingerkuppen über seine Haut tanzen. Sie sprechen nichts. Sie legt sich auf seinen Körper. Ihre Lippen suchen seine Haut. Seine Arme umfangen sie. Ihre Haare streifen sein Gesicht. Sie finden einen ganz bestimmten Rhythmus für ihre Bewegungen. Sie spürt sein Glied fest in sich. Aggressiv stößt sie ihren Unterkörper gegen seinen. Ihr Atem ist schnell und heftig. Sie sehen sich an. Er hält sie fest. Seine Lippen berühren ihre.

Die Knödel kochen.
Das Schlagobers wird automatisch zu Butter geschlagen.
Der Nusskuchen verkohlt im Backrohr.
Ein Ei explodiert im Mikrowellenherd.
Der Küchendampf löst die schöne Tapete von der Wand.
Wenn man nicht aufpasst.

Er sagt, von Beruf bin ich Körper.

Ein schöner Körper. Endlich ein interessanter Beruf, antwortet sie und lacht.

Helmut

»Ich heiße Helmut und bin Arzt«, sagt der Mann hinter Petra und reicht ihr eine Visitenkarte, »darf ich Sie zum Essen einladen?« – »Es kommt darauf an, wohin«, antwortet sie und betrachtet ihn. Er gefällt ihr. Während sie noch überlegt, fragt die Verkäuferin ungeduldig, was sie kaufen möchte. Fahrscheine und Marken. Als sie sich umdreht, ist der Mann verschwunden. Unschlüssig hält sie die Visitenkarte in der Hand. Ein Arzt. Mitte vierzig. Grauhaarig, schlank, nicht sehr groß.

Die Visitenkarte, auf der nur sein Name und eine Telefonnummer steht, legt sie zu ihrem Telefon. Nach einer Woche ruft sie an. »Ich weiß nicht, ob Sie sich noch an mich erinnern«, sagt sie »aber inzwischen bin ich sehr hungrig.«

»Auf Steaks, ziemlich roh«, antwortet er und lacht.

»Woher wissen Sie ...«

Sie verabreden sich in einem gemütlichen Lokal in der Innenstadt. Ein bisschen aufgeregt ist sie, endlich wieder einmal eine richtige Verabredung.

Es ist ein angenehmer Abend. Er ist charmant, großzügig, klug und humorvoll. Und galant. Die Gespräche mit ihm über Politik und Kultur sind anregend. Es wird erst heikel, als sie über Arbeit reden. »Nur wer einen ordentlichen Beruf hat, stellt etwas dar, ist jemand«, behauptet er. »Da es für so viele Menschen zu wenig Arbeit gibt, muss es doch ein Umdenken geben, den Wert eines Menschen macht doch nicht seine Arbeit aus, es muss Menschen geben, die bereit sind, sagen wir, auf mehr Geld und Arbeit zu verzichten. Menschen wie mich«, hält sie mit fester Stimme dagegen. Er widerspricht heftig. »Der Mensch«, sagt er, »definiert sich nur über die Arbeit, beziehungsweise über den Erfolg.«

«Reden wir doch lieber über Sex«, antwortet sie provokant, denn schließlich will sie sich nicht den Abend verderben, »das ist nicht leicht, aber doch ein allgemeines, neutrales Thema. Haben Sie gewusst, dass Arbeitslose und Studenten am häufigsten Sex haben?«

»Das stellt keinen Wert dar«, sagt er trocken und bietet ihr an, sie nach Hause zu bringen. Sie hat Präservative zu Hause und aufgeräumt. Warum also nicht.

»Darf ich dich noch zu mir einladen«, fragt sie frivol.

Er lehnt dankend ab, küsst ihr die Hand, wünscht ihr eine gute Nacht und schöne Träume. Ohne ihr noch zu winken, fährt er weg. Sie ist enttäuscht.

Einige Tage später ruft sie ihn wieder an. Sie verabreden sich beim Heurigen. Diesmal kommt sie mit ihrem eigenen Auto. Wieder wird es ein schöner Abend. Sie trinkt jede Menge Rotwein. Sie will den Abend und ihn entspannt genießen. Er streichelt ihre Wange, beißt in ihr Ohrläppchen, legt seine Hand auf ihre, bezahlt die Rechnung – und wünscht ihr eine gute Heimfahrt.

Sie ist verwirrt. Er hat doch geflirtet mit ihr. Vielleicht ist er zurückhaltend, schüchtern. Oder unsicher. Oder will sie erst besser kennen lernen. Vielleicht ist er schwul. Vielleicht ist er verheiratet. Vielleicht ist er impotent. Vielleicht ist er geschlechtskrank. Vielleicht hat er Schweißfüße. Oder ein Toupet. Oder ein falsches Gebiss. Oder aber hat sie Mundgeruch? Oder das falsche Parfum? Oder zu billige Schuhe? Oder sollte sie ihr Interesse an ihm deutlicher zum Ausdruck bringen?

Das nächste Mal schlägt sie Kino vor. Er ist einverstanden. Ein erotischer Film. Sie presst ihr Knie an seines. Sie legt ihre Hand auf seinen Schenkel. Sie zwickt ihn. Er lächelt nur – milde. Nach dem Kino gehen sie in eine Bar. Dort ist er bekannt. Er wird mit Küsschen und mehr oder weniger heftigen Umarmungen begrüßt. »Wie geht es deiner Frau«, fragt eine schwarzhaarige Frau, mit einem langen Blick auf Petra. Da er nicht antwortet, sagt sie: »Lass sie von mir grüßen.«

»Du bist verheiratet?«, fragt sie. Als Antwort sieht er sie nur merkwürdig an.

Er stellt Petra den anderen vor, sie schüttelt Hände, lächelt höflich – und bestellt Sekt. Ein Glas und noch ein Glas und noch ein Glas. Plötzlich drückt sich die schwarzhaarige Frau an sie und sagt: »Seien Sie vorsichtig.«

»Wieso vorsichtig?«, fragt sie, benommen vom Alkohol und verunsichert, weil sie Helmut in dem Getümmel nicht mehr sieht. Statt einer Antwort packt sie Petra an den Schultern, lässt sie sofort wieder los und verschwindet ebenfalls. Da Petra Helmut nirgends findet, der Barkeeper sich weigert, ihr noch etwas zu trinken zu geben, die Rechnung aber schon bezahlt wurde, niemand mit ihr redet, sie bedrohlich wankt und die strengen Blicke auf sich spürt, die vorwurfsvollen, wie kann man sich nur so gehen lassen, beschließt sie, nach Hause zu fahren. Die Autofahrt ist schrecklich, Petra hat Angst, die Kontrolle zu verlieren, einen Unfall zu verursachen, von der Polizei aufgehalten zu werden, Strafe zu zahlen, den Führerschein abgeben zu müssen – und alles wegen eines Mannes wie Helmut.

Wütend ruft sie ihn am nächsten Tag in der Ordination an.

»Erstens verstehe ich nicht, warum du dich bisher noch nicht nach meiner Telefonnummer erkundigt hast. Hast du nicht das Bedürfnis, mich anzurufen? Und zweitens ist es unhöflich zu verschwinden, wenn du mit mir in ein Lokal gehst«, sagt sie vorwurfsvoll.

»Ich will«, antwortet er, »dass du mich anrufst, wenn du mich sehen willst. Und wenn du mich langweilst, verschwinde ich.«

»Ich habe dich gelangweilt?«, fragt sie leise. Und ist ein wenig entsetzt.

»Im Augenblick langweilst du mich«, antwortet er.

Zornig legt sie den Hörer auf.

Drei Tage später ruft sie doch wieder an.

Er ist fröhlich, freundlich, zuvorkommend. Er lädt sie ins Theater ein.

«Erzähl mir von dir privat«, flüstert sie.

»Premieren mag ich besonders, vor allem die Interviews, die Politiker geben, die das Stück erst noch lesen müssen, um etwas dazu zu sagen. Einfach herrlich«, sagt er.

»Willst du etwas von mir wissen?«, fragt sie.

Er schüttelt den Kopf. Nach dem Theater hat er es eilig.

Was stimmt mit dem Mann nicht? Ist sie nicht sein Typ? Warum trifft er sich dann mit ihr?

»Ich habe einen Vibrator«, sagt sie eine endlos lange Woche später ins Telefon. »Welchen denn«, fragt er neugierig, »Batterie oder Strom?«

»Einen«, antwortet sie, »der vielleicht zu groß ist. Man könnte sich daran gewöhnen ...«

»Soso«, sagt er, »ich habe noch einen Patienten in der Praxis. Ruf doch später an.«

Aber als sie später anruft, ist der Anrufbeantworter eingeschaltet.

Am nächsten Tag sagt er, als sie sich meldet: »Du hast doch einen Vibrator.«

»Aber mit dem kann ich nicht essen gehen.«

»Ach so, essen«, antwortet er ruhig.

Wenigstens essen, denkt sie.

Diesmal schlägt er ein vegetarisches Restaurant vor.

»Einmal Sex mit zwei Männern«, sagt sie zwischen Vorspeise und Nachspeise, »das ist so eine Fantasie von mir. Was für Fantasien hast du?«

»Gar keine. Schmeckt dir das Essen nicht?«

»Aber irgendetwas muss dich doch aufregen?«

»Mich? Mir fällt nichts ein.«

Was fand sie an dem Mann nur interessant?

»Wärst du gern Voyeur oder Exhibitionist?«, fragt sie ihn, »schaust du dir gerne Versandhauskataloge an? Siehst du dir gerne Beziehungsfilme an? Würdest du gerne zum Beispiel zwei Frauen zuschauen, wenn sie sich zärtlich liebkosen?«

»Gestern Nachmittag habe ich mir im Fernsehen die Talkshow mit Hans Meiser angesehen. Junge Witwen. War sehr interessant. Die Männer starben alle tragisch. Ich war wirklich gerührt – jede Witwe durfte acht Minuten lang ihr Leben aufarbeiten.«

»Weißt du, ein Pornofilm hat gar keine richtige Handlung. Da geht es hauptsachlich um Geschlechtsverkehr – zwischen schönen Menschen.«

Er schiebt den Teller von sich und sieht auf die Uhr. »Du bist reizend, wirklich«, betont er, »bestell dir noch etwas.«

»Willst du denn gar nicht wissen, wie es mit einem Vibrator ist?«, bohrt sie.

Er schmunzelt. »Nimmst du den auch in die Badewanne mit?«

Sieht auf, küsst sie auf die Stirn, ruft den Keller: »Bringen Sie der Dame noch etwas Scharfes, bitte«, zahlt, und ist schon verschwunden.

Der Kellner lächelt anzüglich. »Sollten wir uns einmal privat treffen? Soll ich Sie besuchen kommen?« Und stellt ihr ein großes Glas Schnaps hin.

»Mich?«, fragt sie laut. »Können Sie auf meine Wünsche eingehen?«

»Vibratoren«, antwortet er, »sind keine teure Investition.« Jetzt macht er sie auch noch verlegen. Petra muss nachdenken. Der Kellner sieht sehr gut aus. »Helmut«, sagt er, »würde bezahlen.«

»Wen?«

»Mich«, sagt er.

»Ich verstehe …«

Er tätschelt ihre Hand. »Denken Sie darüber noch. Es ist nur ein Angebot.«

Mit zittrigen Knien verlässt sie das Lokal. Sie will aber Helmut verführen.

Schon am nächsten Tag ist Petra wieder im Restaurant – diesmal allein, diesmal spätabends, sie will bis Dienstschluss bleiben, bestellt Unmengen zu essen, dazu eine Flasche Sekt. »Ja«, sagt sie zu dem Kellner, »ich habe es mir überlegt, aber diese Konsumation setzen Sie auch auf Helmuts Rechnung. Haben Sie heute Abend noch Zeit?« Er hat. In ihrer Scham pocht es. Helmut, denkt sie. Es müsste Helmut sein. Helmut, der Akademiker, der Zurückhaltende, der Zärtliche, der Wilde, der Ängstliche, der mit dem Toupet, den dritten Zähnen, dem geliehenen Geld, der Ehefrau. Helmut, der einen Liebhaber für sie auswählt – und bezahlt. Nein, lieber nimmt sie sich den Kellner als Geschenk.

Und der Kellner kann sogar gut Auto fahren. Hoffentlich hat er auch einen Führerschein. »Ich will es bei mir zu Hause«, ordnet sie an. Ihr ist ein bisschen schwindlig vom Sekt und vom Schnaps und übel vom vielen Essen. Hoffentlich legt er sich nicht auf ihren Bauch. Er bringt sie sicher nach Hause, sie ist ziemlich aufgeregt, er zieht sie routiniert aus, von oben nach unten, sachte schubst er Petra aufs Bett, drückt ihre Schenkel auseinander, kniet sich dazwischen, stellt sich geschickt an mit seinen Fingern und seinem Mund. Petra genießt die Zärtlichkeiten. Stöhnt laut. Glücklicherweise bedrängt er sie nicht mit seiner Lust.

Als sie aufwacht, erschrickt sie, den Mann, der neben ihr liegt, kennt sie nicht. Doch. Kurz. Außerdem ist er nackt. »Für jede Stunde Anwesenheit werde ich bezahlt«, sagt er ruhig. Ist ihr das peinlich. »Teuer für Helmut«, antwortet Petra und geht ins Bad, um zu duschen. »Wie heißen Sie eigentlich«, fragt sie, als sie aus dem Bad kommt. Aber der Kellner ist nicht mehr da. Petra ist erleichtert. Sofort schaut sie in ihre Handtasche. Die Geldbörse ist noch da. Sie ruft Helmut in der Ordination an. Sie muss mit ihm reden.

Helmut sagt sofort: »Ich will dich zu mir nach Hause zum Essen einladen. Was würdest du gerne essen?«

»Erdäpfelpüree. Das Lieblingsgericht meiner Kindheit«, antwortet sie spontan.

»Gut. Heute Abend? Acht Uhr, Kollersteig 148.«

Sie jubelt. Wunderbar. Endlich. Helmut ist also gar nicht verheiratet.

Sie zieht ihr schönstes Kleid an. Mit einem langen Seitenschlitz. Enganliegend. Geht zum Friseur, mit ihrem letzten Geld. Holt wieder die Stöckelschuhe aus der Altkleidersammlung. Sie hatte geglaubt, sie würde sie nie mehr brauchen. Dann geht es los.

Eine große, moderne Villa. Das flößt Respekt ein. Petra kann kaum glauben, was sie sieht. Hoher Zaun. Alarmanlage. Aber noch irritierter ist sie, als sich auf ihr Klingeln eine Frau meldet.

»Ja bitte?«

»Ich werde erwartet«, stottert sie. Wahrscheinlich die Putzfrau. Die Tür öffnet sich automatisch. Eine große Glasfront, ein Hallenbad, aus dem man Kindergeschrei hört. »Meine Kinder«, sagt er plötzlich, steht neben ihr im weißen, flauschigen Schlafmantel. »Ich muss mich noch anziehen. Darf ich dir meine Frau Vera vorstellen?« Ein kleiner Schock. Der Händedruck dieser kleinen, schwarzhaarigen Frau im eleganten, dunkelbraunen Kleid ist fest.

Sie ist rundlich, aber gut proportioniert und sieht gemütlich aus.

Petra betrachtet Vera interessiert, aber verunsichert. »Kommen Sie nur weiter«, sagt Vera und führt Petra in ein sehr großes, geräumiges Wohnzimmer.

Vielleicht bieten sie mir Sexspiele zu dritt an, denkt Petra. Aber das wird sie ablehnen. Selbstverständlich. Das ist nichts für sie. So einer also ist Helmut. Er hat sie für seine Frau ausgesucht. Sie ist empört. Gleich wird sie plötzlich auftretende Kopfschmerzen, einen Todesfall in der Familie, furchtbare Regel- oder extreme Kopfschmerzen vortäuschen, um sich für die Einladung zu bedanken – aber dass die Umstände einen genussvollen Abend leider nicht erlauben.

»Ihr Mann und ich haben uns zufällig …«, stottert Petra.

»Nicht zufällig«, antwortet Vera und lächelt.

Das Haus ist hell und hat große Fenster, es ist alles sehr gepflegt, sauber, voll automatisiert. Petra lässt sich von Vera alles erklären. Es gibt mehrere Schlafzimmer, zwei Küchen, zwei Duschen, drei Toiletten. Petra ist hingerissen von diesem prachtvollen Haus und der gediegenen Einrichtung. Hat sie davon nicht schon immer geträumt: stilvolles Leben, Räume, Platz, Feste feiern, Gäste einladen, nicht nur so eine kleine Zwei-Zimmer-Wohnung mitten in der Stadt, zentral zwar, aber sonst? Wie würde sie doch gut in dieses Haus passen!

Vera führt sie in den Speisesaal. Es ist nur für eine Person gedeckt. »Ich habe dem Personal für heute freigegeben. Ich habe selbst gekocht«, sagt

Vera. Kerzen brennen. Es stehen mehrere Schüsseln Erdäpfelpüree bereit. Die Kinder sitzen um den Tisch, starren Petra interessiert an. Helmut kommt auch. Er trägt schwarze Jeans, einen schwarzen Pullover – und sieht einfach gut aus. Petra hat den Eindruck, dass Vera den Abend genießt. Mit mir nicht, denkt Petra.

»Ich hatte schon Recht, ihn loszuschicken. Ihn suchen zu lassen«, sagt Vera.

»Ich verstehe nicht.«

»Sie«, antwortet Vera.

Gleich nach dem Essen werde ich gehen, denkt Petra. Noch eine kurze Plauderei über die heutige Arbeitslosigkeit, da sinkt die Stimmung sicher gleich, eine kleine Schilderung, nicht aufdringlich, aber doch über diese Ängste, über diese in ihren Augen sicherlich lächerlichen Existenzängste, die sie auf diesen schönen, runden Eichentisch zerren wird, und dann wird sie Helmut und Vera zu verstehen geben, wie sehr sie ihr Reichtum bedrängt, psychisch. Und sie hofft, dass sie sich schuldig fühlen werden, soviel sinnloser Besitz: in einer einzigen Familie, dann wird sie böse sagen, dass in dem Haus Schimmel sein muss, und auf Schimmel reagiert sie allergisch.

»Nehmen Sie doch Platz«, fordert Vera sie mit einer ausholenden Geste auf, und »Vibratoren«, sagt sie plötzlich zu Petra, »haben doch etwas Künstliches an sich, schmecken nach nichts. Wollen Sie etwas trinken?«

»Ja, bitte«, antwortet Petra schnell, rot vor Verlegenheit.

»Sie sind wohl sehr reich?«, fragt Petra.

»Ja«, antwortet Vera sachlich, »sehr reich. Wir

können uns fast alles kaufen, was wir begehren. Eigentlich bleibt kein Wunsch unerfüllt.« Und sie strahlt dabei ihren Mann an. »Das Leben ist so schön. Und wir gönnen uns oder einander wirklich alles.«

Petra nimmt sich aus allen drei Schüsseln Püree. Es ist unterschiedlich zubereitet. »Nehmen Sie sich nur reichlich«, sagt Vera. Petra beginnt zu essen. Es schmeckt scheußlich. Sie fühlt sich beobachtet und ist bemüht, sich nichts anmerken zu lassen. Sie würgt das Essen hinunter, tapfer, mutig, trinkt sehr viel Alkohol, während sonst niemand etwas isst oder trinkt. »Wir haben schon gegessen«, erklärt Vera.

Helmut ist Arzt. Ein dummer Gedanke. Warum sollten sie, überlegt Petra. Nein, das ist Unsinn. Es gibt keinen Grund. Ein lächerlicher Verdacht. Ihr wird schlecht. Alles ist real. Die Stille, man hört das Atmen der anderen. Sie sitzen nur da und starren sie an. Warum denn, warum denn bloß? Sie stammelt: »Köstlich. Einfach köstlich.« Was stimmt nicht mit diesem Essen? Warum isst sie das nur? Was geht hier vor? Ihr hat doch Erdäpfelpüree immer ausgezeichnet geschmeckt. Gut, dass das Püree so leicht zu schlucken ist und nicht gekaut werden muss. Sie muss nur genug trinken. Sie hat das Bedürfnis, sich zu übergeben. Nein, sie darf nicht kotzen. Sie muss alles hinunterwürgen. Widerlich. Wie kann man ihr das nur antun!

Helmut ist Arzt. Sie wirken gar nicht beunruhigt, aber starren sie an, als würden sie etwas erwarten, aber was? Petra hat einen Verdacht, einen schrecklichen. Ihr Bauch wird sich blähen. Gleich wird sie vom Sessel fallen, qualvoll ersticken, oder sich ans Herz fassen und nur mehr verzweifelte Zuckungen machen. Oder sie wird bewusstlos werden. Sie fühlt sich beobachtet. Vielleicht ist alles so leicht wie einschlafen. Und dafür hat sie sich so schön gemacht. Helmut ist Arzt. Diese Übelkeit muss endlich aufhören. Sie wird langsam verdauen und das Gift wird ins Blut übergehen. Das wird ihr Herz nicht verkraften. Helmut, also doch ein Schwächling, steht plötzlich auf und verlässt wortlos den Raum. Lässt sie allein. Warum denn? Sie ist doch in der Falle, sie ist ein Opfer. Sein Opfer? Veras Opfer?

»Helmut ist so sensibel«, sagt Vera.

Petras Füße fühlen sich schwer und unbeweglich an. Sie könnte versuchen aufzustehen und zu gehen, wegzukommen, gerettet zu werden. Ein Krankenhaus. Sie ist doch noch so jung. Sie isst weiter. Tapfer. Helmut ist Arzt. Sie ahnt es. Sie will wissen, warum. Haltung und lächeln, lächeln, lächeln.

»Sie glotzen mich an, als wäre ich ein Fernseher«, jammert Petra. Niemand antwortet.

Das Püree in der Schüssel wird immer weniger. »Noch einen Wein. Bitte!«, bettelt Petra. Wenigstens will sie wissen, warum. Weiter essen. Aufessen. Konsequent. Es gibt kein Zurück. Nein, keine Tränen jetzt. Kein Selbstmitleid.

»Haben Sie eine Vorstellung vom Tod?«, fragt Vera neugierig.

»Vielleicht werde ich ein Engel sein«, antwortet Petra zynisch.

»Ja, ja«, sagt Vera, »eine sehr kindliche Vorstellung. Interessant.«

Petra hält sich zitternd und krampfhaft an der

Tischplatte fest. Der Tisch bewegt sich, wird gleich kippen. Vielleicht dreht er sich auch nur. Sie muss ihn festhalten. Sie stützt ihre Arme auf. Ihre Augenlider zittern. Sie zittert. Sie sieht verschwommen, will aber alles ganz genau sehen können. In aller Schärfe. Die Flammen der Kerzen verdoppeln, verdreifachen sich. Die Gesichter. »Weiter essen«, sagt Vera, »es wird ganz schnell und schmerzlos gehen. Helmut ist Arzt.« Petra will sich aufrecht halten. Will sich festhalten. Am Glas. In die Stille hinein klirrt etwas. Niemand spricht. Petra will, dass alle reden, sie anreden, mit ihr reden, die Rettung muss kommen, ein Notfall, ein Bett, eine Bahre, Hilfe. Sie will ganz viel Alkohol. Helmut ist Arzt. Die Wände schwanken, die Gesichter, Fratzen, die sich ihr verdächtig nähern. Nein, will sie sagen. Sie wehrt sich mit ihren Händen, so gut sie kann. Ihr Bauch wird platzen. Vielleicht wird es auch der Schädel sein, der zerspringen wird. Aus Verzweiflung. Aufessen. Alles. Es tut weh. Petra hat das Gefühl, ihren Körper aus einer Distanz zu betrachten. Warum hilft ihr denn niemand?

Petra will schreien, aber Vera lächelt sie seltsam an, Petra schnappt noch Luft, der Körper eiskalt, aber schweißnass – wie bei Schüttelfrost –, sie stöhnt heftig, Schaum vor dem Mund, plötzlich fällt sie laut vom Sessel. Jetzt schreit sie. Nicht sehr laut. Und verstummt.

Vera nähert sich neugierig.

Mein Mund

Eine Kellnerin bietet mir Mehlspeisen an.

»Wollen Sie etwas Süßes?« Stellt das Tablett vor mir ab. »Ein Krapfen kostet 24 Schilling, ich kassiere gleich«, sagt sie mit schneidender Stimme.

Ich gebe sechs Schilling Trinkgeld, mir ist kalt, das Café Tomaselli ist sehr voll, es herrscht eine nervöse Unruhe in dem großen Kaffeehaus, die Menschen sprechen laut, draußen ist es hell, die Möbel sind dunkel, die Wände holzverkleidet; das erinnert mich an eine Sauna, die Kellnerin mit ihrer weißen Spitzenschürze steht jetzt bei der Mehlspeisenvitrine, sie kontrolliert die Gäste, gleich wird sie wieder losgehen und jemanden mit Kuchen bedrängen. Ich betrachte meine Hände. Sie liegen ganz ruhig auf dem Tisch. Ich überlege, ob ich eine Zeitung nehmen soll. Gegen die Langeweile. An meiner Schläfe klopft es. Meine Stirn ist kalt. Meine Hände haben rote Flecken. Es geht mir gut.

Ein dicker, schwitzender Mann mit Glatze greift einer jungen Frau, die ihm gegenüber sitzt, auf den Schenkel, ich sehe, wie er ihren Rock hochschiebt, mit seiner Hand den Schenkel zu kneten beginnt. Sie lächelt milde.

Der Kellner, ein etwas älterer Herr, in meinem Alter vielleicht, nein, wahrscheinlich älter als ich, graue Haare, hageres Gesicht, dunkle Ringe unter den Augen, der Anzug etwas zu groß. Die Gesichtshaut fahl. Er wirkt einsam. Er interessiert mich. Er bringt auf einem Silbertablett meinen Kaffee. Daneben steht ein Glas Wasser, ein kleiner Löffel liegt auf dem Glas. Ich sitze beim Fenster, die Klimaanlage bläst in meinen Rücken, der Kellner stellt das Tablett auf den Tisch.

»Ich bin auf Urlaub hier in Salzburg«, sage ich zu ihm. Er reargiert nicht, als würde er mich nicht hören. Ich bin enttäuscht.

Ich esse den Krapfen, die Marmelade tröpfelt aus dem Krapfen auf den Tisch, mein Mund ist jetzt klebrig und der Tisch auch, ich esse den Krapfen schnell, dann rufe ich den Kellner, damit er den Tisch abwischt – und meinen Mund. Ich halte ihm meinen Mund hin. Ich habe eine gewisse Sehnsucht nach Berührung. Der Kellner ist alt. Er hat keinen Sinn mehr für Nähe. Er versteht die Botschaft nicht. Nähe strengt immer mehr an, wenn man älter wird. Mit der Sexualität ist es auch so: man wägt ab, ob sich die Anstrengung lohnt, oder ob man nicht lieber etwas Leichtes tut, etwas essen zum Beispiel. Der Kellner hat keine Sensibilität für meinen Mund, den ich ihm hinhalte, während er etwas umständlich den Tisch abwischt, er sieht mich nicht an, er reicht mir eine Serviette, sein Blick fällt auf die Wand hinter mir. Ich bin verärgert, ich möchte zu ihm sagen: Da ist nichts. Hinter mir ist nichts. Aber vor dieser Wand bin ich. Ich.

Dann sage ich: »Zahlen.« Ich gebe dem Kellner vier Schilling Trinkgeld, ich versuche, ihm in die Augen zu sehen, aber er weicht meinem Blick aus. Ich verabschiede mich höflich, aber distanziert, der Kellner sagt: »Danke«, dreht sich um, geht weg, ich kann ein leichtes Hinken erkennen. Ich verlasse das Lokal rasch.

Ich gehe durch die Getreidegasse, jede Unebenheit spüre ich durch die dünne Sohle meiner Schuhe, ich habe das Gefühl, die Menschen sehen mich an. Vielleicht sehe ich die Menschen an und ziehe ihre Blicke auf mich.

Ich sehe das Gesicht des Kellners deutlich vor mir. Sein faltiges Gesicht, seine wachen, strahlenden Augen. Augen, die wissend erkennen. Ich werde zu ihm hingehen, werde sagen, ist Ihnen gar nicht aufgefallen, was ich gewagt habe. Ich habe Sie angesprochen. Was wagen Sie, werde ich fragen. Er wird fragen, was wünschen Sie, und ich werde sagen, Sie. Sie will ich haben. Sie haben eine gewisse Fingerfertigkeit, ich sehe es Ihnen an. Ich werde nach seiner leicht zittrigen Hand greifen. Und mit dieser Hand über meinen unberührten Mund streichen, werde die Handfläche auf meinen Lippen spüren und werde fragen, wie schmeckt mein Mund? Aber da er ein ängstlicher Kellner ist, wird er seine Hand wegreißen, wird weghinken, und ich werde wieder da stehen.

Und dann gehe ich doch noch einmal ins Café Tomaselli. Ich will meine Hände reinigen. Die Toilette ist im ersten Stock. Im Waschraum sieht es steril und hygienisch aus. Das Licht ist grell. Ich betrachte mich im Spiegel. Mein rechtes Augenlid zuckt ein wenig. Ich habe einige graue Haarsträhnen. Ich will jünger aussehen. Ich müsste auf die Toilette gehen, aber ich will nicht, weil das hier zwei Schilling kostet. Mit dem Lippenstift male ich meine Lippen rot.

Ich gehe hinunter in den Gastraum. Einige Tische sind leer, die Kellnerin bietet weiterhin Mehlspeisen an, den alten Kellner kann ich nicht sehen. Ich sage aus Nervosität laut: »Ärgerlich, sie ist wirklich nicht da.«

»Kann ich Ihnen behilflich sein«, sagt plötzlich der alte Kellner neben mir. Er steht ganz nah bei mir. Mein Herz. Bluthochdruck, ich darf mich nicht aufregen.

»Ich habe jemanden gesucht«, sage ich, »vielleicht Sie.« Dabei lache ich laut auf, ich bin verunsichert.

Ich sage: »Da bin ich mit meinem klebrigen Mund.«

»Kann ich weiterhelfen?«, insistiert er.

»Pah, was heißt Hilfe«, sage ich zornig, »es geht um meinen Mund«, sage ich schnell, »den Sie zurückgewiesen haben. Es geht um das Trinkgeld, das Sie einstecken, und mich beachten Sie nicht. Sie sehen mich nicht an, wenn Sie mich bedienen. Ich erwarte mir etwas, Sie ignorieren mich, dabei will ich nett sein zu Ihnen. Sie starren die Wand an und reichen mir eine Serviette, eine Serviette, mit der ich meinen Mund abwische.«

Dann drehe ich mich um und will hinauslaufen, bleibe dann doch stehen vor der Tür. Ich will ihn. Ich will nichts hören, ich will keine Erklärungen. Ich drehe mich um und sehe den Kellner bei der Mehlspeisenvitrine stehen, er gefällt mir aus der Distanz nicht, er winkt mir. Er kommt mir lächerlich vor. Er muss doch verstehen, worum es geht.

Ich will, dass er auf mich zugeht, dass seine Berührung auf mich zukommt. Sicher und schnell.

»Sie wünschen«, fragt der Kellner, lächelnd, ganz nah steht er vor mir.

»Kartoffeln mit Marillenmarmelade«, sage ich.

»Kartoffeln verdicken das Blut«, antwortet er langsam und verbeugt sich, ich sehe den Ansatz einer Glatze. Egal. »Kartoffeln mit Marmelade führen wir nicht. Darf es etwas anderes sein?«

»Ja, Sie will ich.« Ich fasse nach seiner Hand. Sie ist alt und wirkt knöchrig. Ich halte sie fest. Er entzieht sie mir langsam. »Ich will mich mit Ihnen nicht unterhalten«, sagt er sanft.

»Ich will auch nicht reden«, antworte ich. »Ich will Sie anfassen, berühren. Wollen Sie von mir verführt werden? Ich hole Sie gerne ab, wann haben Sie Dienstschluss?«

»Um Mitternacht.«

»Ich werde da sein.«

Ich bin pünktlich, das Licht im Kaffeehaus erlischt kurze Zeit später, der Kellner sperrt die Tür zu, er kommt langsam auf mich zu, versucht, nicht zu hinken.

»Mein Hotel ist in der Nähe«, erkläre ich. Schweigend gehen wir hin.

»Wir sind kein Stundenhotel«, sagt die Rezeptionistin argwöhnisch. Ich antworte nicht, nehme seine Hand und führe ihn zu meinem Zimmer. Das Zimmer ist klein, die Tapeten sind bunt und groß gemustert. Mein Zimmer hat ein kleines Fenster, keine Vorhänge, aber Jalousien, einen kleinen Couchtisch, ich drehe die Lampe auf, gelbes Licht im Raum, dicke Wände, die den Raum noch kleiner erscheinen lassen, nichts, woran man sich festhalten kann gegen die Einsamkeit, weder Radio noch Fernseher.

»Essen Sie gerne Marmelade?«, frage ich, als wir etwas hilflos im Zimmer stehen.

»Marillenmarmelade«, antwortet er.

»Ich auch«, sage ich und lächle. »Wissen Sie, was die Erotik des Alters ist? Essen«, erzähle ich. Er antwortet nicht. Ich reiche ihm meine Hand und sage: »Fest zudrücken. Das mag ich.« Er setzt sich unentschlossen aufs Bett.

»Ziehen Sie sich bitte aus«, verlange ich. Er macht es langsam. Knöpft das Hemd auf, legt es zusammen, zieht sich im Sitzen die Hose aus, hängt sie über die Sessellehne, die Unterhose dazu, dann die Socken. Ich ziehe mich schnell aus. Lege mich auf den Rücken. Sein Glied bleibt klein … Auch als er mich betrachtet.

»Streicheln Sie mich«, sage ich, »ich hoffe, dass Sie das erregt.« Er legt seine Hand auf meinen Bauch. Er zittert ein wenig.

»Fester zupacken«, fordere ich.

»Ich suche die Zärtlichkeit, keinen Sex«, antwortet er. »Die Frauen sagen immer: fester, wilder, stürmischer, leidenschaftlicher. Ich will keinen Sex, nein. Ich will nie die Kontrolle über mich verlieren.«

»Sie sollten eine Therapie machen, Sie haben ein Problem«, sage ich, »im wirklichen Leben muss sich doch beides ausgehen, Zärtlichkeit und Sex. So ineinander überfließend. Ich will mich doch nicht entscheiden müssen.«

»Küssen Sie mich«, fordere ich und halte ihm meinen Mund hin.

»Verfallen Ihnen die Männer immer?«, fragt er.
»Immer«, antworte ich. »Sind Sie verheiratet?«
»Ich habe einen Schäferhund, er ist sehr anhänglich«, antwortet er.
Ich setze mich auf, betrachte sein kleines Glied. Ich berühre sein Glied mit der Zunge. Ich nehme es in den Mund. Langsam wird es groß und hart. Ich lasse es wieder los.
»Das ist mir schon lange nicht mehr passiert«, erklärt er leise.
»Ist das Zärtlichkeit für Sie?«, frage ich. Er stöhnt verhalten, scheu. Er legt sich auf den Rücken und ich mich auf ihn. Plötzlich ist sein Schwanz wieder ganz klein.
»Haben Sie Angst?«, frage ich.
»Machen Sie bitte weiter«, sagt er.
»Aber ohne Marillenmarmelade?«, frage ich, »ich mag etwas Süßes auf der Zunge.«
»Sie haben doch Fantasie«, antwortet er.
»Das stimmt«, sage ich. »Sind Sie schon einmal geschlagen worden, oder schlagen Sie – ab und zu?«
Abrupt setzt er sich auf.
»Sie wollen doch, dass ich fantasievoll bin, nicht wahr? Ich habe Lust auf Sie. Und den Mut dazu. Verstehen Sie das?«
Er antwortet nicht.
Ich nehme sein Glied vorsichtig mit den Lippen, zärtlich, es bäumt sich auf in meinem Mund, ich spiele damit, es schmeckt angenehm, die Zunge lasse ich hinauf und hinunter gleiten. Ich habe Angst, dass es wieder zusammenfällt. In sich.
»Das tut gut«, stöhnt er leise.
Dann lasse ich das Glied aus meinem Mund rut-

schen und nehme es in die Hand. Drücke fest zusammen. Bis er schreit, aufschreit. Bis sich auf seinem Bauch eine kleine Lache bildet. Satte Zufriedenheit in seinem Gesicht.

Mit einer zärtlichen Geste fährt er durch mein Haar. Ich halte ihm meinen Mund hin. Aber er versteht nicht.

»Sie müssen jetzt zu Ihrem Hund gehen, Ihren Hund streicheln«, sage ich.

»Eine gute Idee«, antwortet er.

Ich betrachte ihn, wie er sich langsam aufsetzt, ein Taschentuch nimmt, das da liegt auf dem Nachtkästchen, den Bauch abwischt, sich anzieht.

»Schön war es schon«, sagt er, als er sich bei der Tür nochmals nach mir umdreht.

Er

Ich habe das Lokal geschlossen, die letzten Gäste haben betrunken endlich die Bar verlassen, so spät schon, Abrechnung, zusperren, heimgehen. Und die letzte Straßenbahn verpasst. Anstrengender Abend. Alkoholiker sind mit dem Trinkgeld großzügig. Sie sprechen sich aus, ich höre zu, vergesse. Nichts ist langweiliger als diese Familientragödien, Eifersucht, Trennungen. Arbeitslose. Öd. Taxi? Zu teuer. Also zu Fuß gehen. Wie oft habe ich das Lokal durchquert. Dreitausendmal. Meine Füße angeschwollen. Erschöpft. Ist ja nicht weit. Kaum jemand, der noch unterwegs ist an diesem ersten lauen frühlingshaften Abend. Ohrstöpsel ins Ohr, ENIGMA aufgedreht, und Rollerskates werde ich mir auch noch kaufen. Irgendwann. Zu Hause ein Bad nehmen, und dann ins Bett, irgendwann ein eigenes Lokal, wovon eben alle träumen, warum sollte ich es nicht schaffen?

Plötzlich ein Druck von hinten, gegen meinen Körper, gegen mein Gehen, etwas, das auf meine Beine drückt. Ich erschrecke und springe beiseite. Ein Rollstuhlfahrer. Ich bin überrascht und irritiert. Der Körper seltsam unförmig.

»Entschuldigung«, sagt er, »entschuldigen Sie bitte.« Ein betrunkener Rollstuhlfahrer, mutmaße ich, er kann mich doch nicht übersehen haben.

»Macht nichts«, behaupte ich und will weitergehen, will davongehen, er aber fährt hartnäckig neben mir weiter. Ich fühle mich eingeengt zwischen Mauer und Rollstuhlfahrer.

»Helfen Sie mir«, sagt er plötzlich laut. Ich drehe den Walkman ab. Sein Blick tanzt über meinen Körper. Rauf und runter. Löst mein Kleid auf. Darunter bin ich nackt. Frecher, voyeuristischer Blick.

Halt, will ich schreien, was erlauben Sie sich!

»Ich glaube, ich kann Ihnen nicht helfen«, sage ich. Er greift nach meiner Hand, die ich ihm entreiße.

»Ich fühle mich einsam«, sagt er leise und langsam. »Keiner mag mich, keiner liebt mich«, und sein Blick bettelt um Zuneigung. Ich verteile aber keine Zuneigung. Will er mein Mitleid? Was will einer auf der Straße mitten in der Nacht von mir?

»Ich tu' Ihnen bestimmt nichts«, sagt er, »ich habe Probleme.

»Ich kann Ihnen nicht helfen«, antworte ich kühl, »ich habe auch Probleme. Ganz andere, wahrscheinlich. Und wenn Sie mich nicht in Ruhe lassen, habe ich ein weiteres Problem. Oder ich bin dann plötzlich Ihr Problem.«

Ich betrachte ihn verunsichert. Er sieht gepflegt aus, der Kopf wirkt groß im Vergleich zu dem verkürzten Oberkörper. Und der Kopf sitzt direkt am Rumpf, so scheint es. Die Beine sind kurz, Kinderbeine, und ausgestreckt. Er trägt ein hellblaues Hemd, eine dunkelblaue Schnürlsamthose, eine Kinderhose vermutlich, weiße Socken und blaue Schuhe. Seine Augen sind blau, er hat dunkle Ringe unter den Augen, tiefe Falten, ich schätze ihn auf Mitte vierzig. Er sitzt festgeschnallt in seinem Gefährt, nur die Bewegungen seiner Arme sind ausholend und fahrig, seine Finger greifen nach mir, während ich weitergehe und er ganz dicht neben mir fährt. Er schnuppert. Schweiß, will ich sagen, von der Arbeit, kein Parfum. Warum fährt er nicht weiter, an mir vorbei? Ich habe schon gesagt, ich bin an einer Bekanntschaft nicht interessiert. Ich habe das Gefühl, er presst mich an die Mauer.

»Ich habe sexuelle Probleme«, sagt er, und ich kann sehen, wie seine Hand zwischen seine Beine greift und wie er sich massiert.

»Kann ich mit Ihnen reden?«, fragt er, und ich sage schneidend: »Nein.« Das ist nicht meine Lust.

»Lassen Sie mich in Ruhe. Sie belästigen mich. Was wollen Sie? Wollen Sie Mitleid? Wollen Sie, dass man nett ist zu Ihnen, weit Sie behindert sind?«, frage ich. Er schüttelt den Kopf und antwortet dann: »Warum nicht?«

Ich habe Angst vor diesem Mann, der mich aggressiv macht und mir Leid tut. Fährt in der Nacht durch Wien und sucht Frauen, ein Erlebnis? Aber was geht er mich an? Wie komme ich dazu, belästigt zu werden? Oder bin ich verpflichtet zu ein wenig Nächstenliebe? Ihm einen Gefallen tun. Aber welchen? Ein wenig Hilfe. Ein wenig Entgegenkommen. Ist es mir etwas wert, dass er sich besser fühlt? Muss ich nicht dankbar sein für meine Unversehrtheit, morgen schon könnte alles ganz anders sein. Was würde ich mir wünschen? Worum würde ich bitten? Was wäre meine Sehnsucht? Peter, mein Liebster, unsere Nachmittagsliebe, bevor ich den Dienst antrete, würde er bei mir bleiben, mir Zärtlichkeit geben, oder was würde er tun? Mich verlassen oder aus Mitleid bei mir bleiben, und behaupten aus Liebe? Bleibt dieser

Mann da nicht trotzdem einsam? Ein paar Worte wenigstens, höflich, ein wenig Zeit, bin ich wirklich schon so müde?

»Wir können reden«, schlage ich vor. »Wohnen Sie hier in der Nähe?«

»Ja«, sagt er erleichtert. Den Rest des Weges schweigen wir. Was soll ich fragen, haben Sie dieses Leiden immer schon, haben Sie einen Geburtsfehler, arbeiten Sie etwas, wie leben Sie und wovon?

»Ich werde uns Kaffee kochen», sage ich, als er das Haustor aufsperrt. Ein Mann sieht aus dem Fenster und beobachtet mich, uns, er grinst, ich geniere mich ein wenig, hoffentlich glaubt niemand, dass ich bezahlt werde. Ich handle aus Nächstenliebe. Die Wohnung ist im Parterre, klein, aber sauber, gepflegt, alles leicht für ihn erreichbar.

»Wohnen Sie hier allein?«, frage ich. Er nickt und erzählt etwas. Aber ich bin unkonzentriert, ich weiß nicht, worauf ich mich einlasse, da, wer hat jetzt etwas davon? Er oder ich? Ich, weil ich lerne, sehe, etwas erfahre? Seine Augen strahlen. Was, wenn er mich angreift, attackiert, bedroht? Er greift auf meinen Schenkel. »Lassen Sie das«, sage ich, »ich bin zum Reden gekommen.« Dann stelle ich Wasser auf, er zeigt mir, wo ich Kaffee finde. Auf seiner Stirn stehen Schweißperlen. Schon weiß ich, dass es ein Fehler war, mit hierher zu kommen. Soll ich losrennen, die Tür aufreißen und weglaufen, er kommt mir ja doch nicht nach, oder soll ich mich höflich aber schnell verabschieden? Ich kann sagen, dass ich müde bin, dass mich fremde Schicksale nicht interessieren, dass ich nicht belastet werden will.

»Wir kennen uns gar nicht«, sage ich, »ich will nicht mit Ihnen reden. Ich war einfach höflich. Aber so höflich will ich nicht sein. Und helfen kann ich Ihnen auch nicht. Ich will nichts hören und Ihnen keinen Kaffee kochen. Ich will wieder gehen. Ohne mich zu verabschieden, als wäre ich nicht hier gewesen. Sie müssen sich jemand anderen suchen. Verstehen Sie mich bitte.«

Ich schenke Kaffee ein und reiche ihm die Tasse. Sehe seine Tränen. Ich kann es nicht leiden, wenn jemand weint, das macht mich wütend. Ich schlage die Tasse aus seiner Hand. »Mit Tränen bewirken Sie bei mir gar nichts«, sage ich.

Wenn er mich bezahlen würde für meine Anwesenheit, dann wäre das ein Geschäft, überlege ich kurz. Ich bin nicht so freundlich. Sein Schicksal geht mich nichts an. Er hat mir seine Bekanntschaft aufgedrängt. Er interessiert mich nicht. Es gibt Sozialhilfen und Menschen, die sich gerne um andere kümmern. Ich gehöre nicht dazu. In der Bar höre ich täglich irgendwelche Schicksale, Tragödien von Menschen, die ich nicht kenne und die mir gleichgültig sind. Aber ich bin immer höflich.

»Wie lösen Sie sonst Ihre sexuellen Probleme«, frage ich, »die haben Sie bestimmt nicht nur heute Nacht, und nicht erst heute Nacht entdeckt, nicht wahr?«

Aber er antwortet nicht.

»Ich muss jetzt gehen«, sage ich laut.

»Einmal den Rock heben, das Kleid ausziehen, nur hinschauen, ich will Sie anschauen dürfen«, stammelt er. Nein, auf gar keinen Fall. Aber dann stehe ich da und schiebe das Kleid ein wenig hoch, bis zu den Oberschenkeln.

»Weiter, weiter«, sagt er. »Nein«, flüstere ich, »nein, es geht nicht, das kann ich nicht.« Er fährt mit seinem Rollstuhl rückwärts und beobachtet mich aus der Distanz. Ich würde ihm erlauben, mich zu fotografieren. Er würde das Foto an die Wand hängen und irgendjemandem stolz von mir erzählen. Von seiner Eroberung.

»Weiter«, sagt er, »weiter.«

»Bleiben Sie, wo Sie sind«, befehle ich, und dann hebe ich das Kleid. Und meine rosa Spitzenunterhose ist plötzlich mein Blickschutz. »Höher«, fordert er, doch ich lasse das Kleid fallen. »Weiter nicht«, sage ich. »Sie haben einen schönen Körper«, sagt er und deutet auf meine Brüste. »Nein«, widerspreche ich, »schön bin ich nicht. Vielleicht sehe ich gesund aus.« Es ist ein seltsames Gefühl, wie er mich betrachtet. Berühren soll er mich nicht. »Kommen Sie zu mir her«, sagt er. Ich schüttle den Kopf.

»Helfen Sie mir bitte«, verlangt er und beginnt, seine Hose aufzuknöpfen. »Bleiben Sie angezogen«, sage ich bestimmt, »auch das ist eine Belästigung. Für Ihre Lust bin ich nicht zuständig. Nehmen Sie Rücksicht auf mich. Ich bin normal. Was normal ist, erklärt sich von selbst, nicht wahr? Ich bin wie die anderen, die da draußen herumrennen, bin eine von denen. Die, die anders sind, sind mir fremd. Ich fühle mich bedroht von Menschen, die anders sind. Sie gehören zu diesen anderen, und ich kann daran nichts ändern. Und ich bin auch nicht schuld.«

Ich habe Angst, mit seiner Nacktheit und Geilheit konfrontiert zu werden. Lieber wäre mir, er würde weinen, jetzt. Ich würde ihn ganz bestimmt trösten. Er zögert.

»Ich habe keine sexuellen Probleme«, erkläre ich. »Kann Ihnen kein Arzt helfen? Da muss es doch Hilfe geben, vielleicht Medikamente. Medikamente, die die Lust abstellen, unterdrücken. Es gibt gesunde Menschen, die auch niemanden haben, die auch damit fertig werden müssen», sage ich. Es ist doch Unsinn, was ich sage. In was für eine unmögliche Situation bin ich nur geraten, habe ich mich selbst begeben, wie komme ich da unbeschadet und ohne das Gesicht zu verlieren wieder heraus? Sein Körper ist für mich abstoßend. Er tut mir Leid. Ich bin nicht verantwortlich.

»Sie tun mir Leid«, erkläre ich, »ich muss nach Hause, mich ausruhen, wissen Sie, ich bin Kellnerin, ständig auf den Beinen, das strengt sehr an. Und Belästigungen sind mir aus dem Lokal vertraut. Aber was sagt man zu jemandem wie Ihnen? Jemand wie Sie ist mir noch nicht begegnet. Es ist beunruhigend.«

»Wo arbeiten Sie?«, fragt er.

»Wie ich schon sagte, ich will Sie nicht wiedersehen.«

»Aber dann könnten Sie doch ...«, beginnt er.

»Lassen Sie sich vom Arzt beraten, Sie werden doch betreut, oder? Und wie ist es mit einer Prostituierten?«

Er schüttelt den Kopf, fährt mit dem Rollstuhl näher, ich weiche nicht zurück. Bleibe stehen, an das Waschbecken gelehnt, plötzlich lässt er seinen Kopf gegen meinen Bauch sinken, seine Arme umschlingen meine Hüften. In dieser Stellung lasse ich ihn eine Weile verharren. Er schließt die Augen und atmet schwer. Ich lasse mich angreifen von diesem Fremden, wie ich mich nie angreifen lassen würde von anderen Menschen, die ich nicht begehre.

Ich tue etwas Gutes.

Ganz langsam löse ich nach einigen Minuten – oder sind es doch nur Sekunden? – wieder seine Arme. »Ich fühle mich unwohl«, sage ich, »aber ich bin auch wütend, wütend über mich, weil ich mich von Ihnen so behandeln lasse. Ich rauche noch eine, und dann gehe ich.« Er lässt seine Arme sinken.

»Ich kann Ihnen nicht helfen«, erkläre ich, »es tut mir Leid, ich tu' mir Leid, Sie tun mir Leid, ja, Sie tun mir wirklich Leid. Ehrlich.«

»Glauben Sie nicht, dass der Staat von Frauen demnächst verlangen wird, behinderte Kinder abzutreiben?«, fragt er plötzlich. »Wozu gibt es schließlich diese vielen Untersuchungen während der Schwangerschaft? Und es ist doch so, dass ein Schwangerschaftsabbruch auch noch im fünften oder sechsten Monat vorgenommen werden kann, wenn man feststellt, dass das Kind behindert ist.«

»Vielleicht würde ich auch, wenn ich, ich weiß nicht. Ich habe keine Kinder.«

»Aber der Staat, es wird bereits daran gearbeitet. Haben Sie sich schon einmal überlegt, was die Ärzte mit den Föten machen, nach einem Abbruch, die werden zum Teil für Untersuchungen wieder verwertet.«

»Wenn es der Wissenschaft dient.«

»Sie machen es sich einfach.«

»Ich mache es mir nicht einfach, sonst wäre ich nicht hier.«

Ich nehme die volle Flasche Rotwein, die da steht, ich will mich betrinken.

»Sie könnten meinen Schmerz sehr schnell beenden. So würden Sie mir vielleicht helfen können, geben Sie es zu, zum Beispiel mit dieser roten, vollen Weinflasche. Wenn sie meinen Schädel spaltet. Es gibt natürlich auch andere Wege.«

»Sie sind verrückt«, sage ich laut.

»Nur ein theoretischer Gedanke, ich hänge sehr am Leben. Vielleicht intensiver und bewusster als Sie. Aber wann ich sterbe, ist mir egal. Und wenn es heute ist«, antwortet er und lässt den Kopf sinken. Und starrt vielleicht auf meine roten Zehennägel. Ich stelle die Flasche hart auf die Arbeitsplatte zurück, dass es klingt, als wäre sie zersprungen.

»Sie wollen doch nicht behaupten, ich dächte daran, jemanden umzubringen? Machen Sie das öfter? Soll ich Sie anzeigen?«

»Und wenn ich Sie darum bitte?«

»Heute leiden Sie unter einer Stimmungsschwankung, möglicherweise ist es auch eine Depression, morgen früh werden Sie froh sein, dass Sie leben. Das ist doch nur ein Druckmittel, damit ich Ihnen gefällig bin, damit ich mich auf Ihre Lust einlasse. Als würde Ihr Lebenswille davon abhängen. Blödsinn. Eine Erpressung. Sie wollen doch, dass ich Ihnen einen runterhole, nicht wahr? Wollen Sie wirklich, dass ich es aus Mitleid tue?«

Ich blase ihm den Rauch ins Gesicht. »Der Nachbar könnte sich an mein Gesicht erinnern«, sage ich laut. Eigentlich würde ich mir Trinkgeld verdienen. Ich habe ihn schließlich mit einem Gespräch bedient. Ich könnte schon im Bett liegen und gut schlafen.

»Helfen Sie mir«, bittet er und hebt den Kopf. Da ist er wieder, dieser Blick. Er vertraut mir, ich streiche kurz über seine Wange. »Mehr kann ich Ihnen nicht geben«, sage ich. »Sie sind so unabhängig mit Ihrem Rollstuhl. Ich brauche Ihnen nicht einmal anzubieten, Sie nächsten Sonntag auszuführen, Sie in Ihrem Rollstuhl spazieren zu fahren.«

»Ich habe ein sexuelles Problem«, sagt er, »ich brauche niemanden für Gespräche. Geredet wird mit mir schon. Nicht immer ist es ausreichend. Ich habe einfach auch Lust.«

»Noch immer«, antworte ich, »aber das ist Ihr Problem. Ich habe einen Freund, ich lebe in einer monogamen Beziehung.«

»Aus Neugierde sind Sie mitgegangen. Und Treue ist doch nichts als eine Ausrede.«

Nein. Niemand darf sich in mein Leben drängen. Sich auf der Straße aufdrängen. Mich belästigen. Ich hätte ihn zurückweisen oder anzeigen sollen.

»Sperren Sie gut hinter mir ab«, sage ich und gehe zur Tür, verlasse die Wohnung, ohne mich zu verabschieden. Der Nachbar steht am Gang, seine Wohnungstür ist offen, er grinst hämisch.

»Kommen Sie bitte einmal bei mir vorbei«, flüstert er, »ich bin auch körperlich einsam.«

Das Gelächter höre ich noch, als ich schon auf der Straße stehe. Die Fenster sind geschlossen. Still ist es in dieser Nacht. Von fern höre ich Autohupen und das Quietschen von Bremsen. Ich hoffe, dass ein Taxi vorbeikommt, ich habe Angst, ich will so schnell wie möglich nach Hause.

Sybille

»Sybille Baron«, erzählt Manfred, »unsere neue Kollegin, hat unglaublich lange, rote Haare und ist überhaupt – ein Gesamtkunstwerk. Sie ist originell, witzig, charmant, keine Emanze, wie du vielleicht denkst, Schatz. Sie ist eine ganz normale Frau, hinreißend. Und tüchtig.«

Manfred achtet seit Tagen verstärkt auf sein Äußeres, wäscht sich täglich die Haare und verwendet plötzlich Aftershave. Auf die Kollegin bin ich gespannt. Wir sind zum Abendessen verabredet. Und ich ziehe ein Kleid an, das, wie Manfred es formuliert, meine kleinen Fettpölsterchen hervorragend kaschiert. Nun, was meinem Manfred als Kunstwerk erscheint, entpuppt sich als ziemlich künstlich. Die Haare gefärbt, das erkenne ich an den Augenbrauen, dunkelbraun, also ganz durchschnittlich. Sie ist gertenschlank, das ist natürlich was. Aber sie hat Jacketkronen!

»Was ist mit Ihrem Mund? Was haben Sie denn?«, fragt Sybille Baron, »und erst Ihre Nase, die ist ja schief. Hat Ihnen das schon jemand gesagt?« Ich schlucke. Antworte nicht. Sie rät mir zu einer Operation, da ließe sich bestimmt einiges verbessern.

Manfred schätzt die Kollegin, sie sei innovativ, teamfähig, durchsetzungsstark und habe Visionen. Nur nichts Böses sagen, jetzt. Haltung. Da ihr Gesicht sehr hager ist, wirken ihre dunkelbraunen Augen groß. Ihr Augenaufschlag ist beeindruckend. Sie hat leicht geschwungene Lippen, und stets lächelt sie. Ich bin charmant, so gut ich kann. Sybille stellt kluge Fragen und hat provokante Antworten parat. In welchem Seminar hat sie das gelernt? Manfred amüsiert sich, ich bin froh, als wir endlich wieder alleine sind. »Ich weiß nicht, was du an ihr findest«, sage ich zu Hause im Bett. Ich will, dass Manfred sie langweilig, unloyal, uninteressant oder zu schlagfertig findet. Er antwortet nicht. »Ihre Haare sind gefärbt«, setze ich nach. »Stimmt doch gar nicht, sie ist in ihrer natürlichen Ausdruckskraft ein Phänomen.« »Sie hat sehr große Füße.« »Na und, das ist doch unwichtig. Aber hast du die Figur gesehen? Im Fitnesscenter gestählt, nur Muskeln, kein bisschen Fett.«

Ob ich mit seinem Chef reden soll? Ob ich ihn anrufen soll? Ob ich ihn warnen soll, was für eine unmögliche Person, ich habe da Gerüchte gehört, eine schnelle Kündigung wäre doch für alle das Beste …

Manfred hört plötzlich klassische Musik, sitzt verträumt mit den Kopfhörern im Wohnzimmer oder zieht sich in sein Arbeitszimmer an den Computer zurück. Über Sybille spricht er nicht mehr. Und ich frage nicht, bis er eines Abends, Wochen später, die Kopfhörer abnimmt, beiseite legt, laut aufseufzt, mich anstarrt und sagt: »Ich fühle mich von Sybille bedroht.«

»Inwiefern? Behindert sie deine Karriere? Konkurriert sie mit dir? Intrigiert sie gegen dich? Das habe ich befürchtet.«

»Ganz etwas anderes. Du, ich glaube, die will etwas von mir.«

»So? Was denn?«

»Sie ist in mich verliebt«, sagt er fest, steht auf und beginnt, im Zimmer auf- und abzugehen. Ich muss mich beherrschen. Nur nicht schreien jetzt, oder heulen oder durchdrehen. Er ist ihr Opfer. Er kann gar nichts dafür. Er will sicher nichts von ihr. Ruhig bleiben. Sachlich. Zuhören. Abwarten.

»Sie will uns auseinander bringen. Sie manipuliert mich.«

»Wie hast du das gemerkt?«

»Wie sie mich und unsere Beziehung analysiert. Sie ist sehr interessiert und hinterfragt konsequent Beziehungsmuster, Aussagen, Gespräche. Sie ist eine aktive Zuhörerin. Wir haben einiges festgestellt, was zwischen dir und mir nicht stimmt. Wir analysieren gemeinsam unseren Alltag, unsere Rituale. Ich habe keine Hemmungen vor ihr, mit ihr kann ich über alles reden.«

»Auch über unsere Sexualität?«

»Sie ist total offen. Nichts ist ihr fremd. Sie ist auch nicht moralisch. Sie ist aufgeschlossen und unkonventionell. Sogar über Fantasien und Träume reden wir.«

»Findest du nicht, dass das zu weit geht? Du verletzt unsere Intimsphäre. Sie ist nur neugierig, merkst du das nicht? Vielleicht benutzt sie das eines Tages gegen dich. Du willst dich doch nicht von ihr verführen lassen? Und wenn du Probleme hast, rede gefälligst mit mir darüber«, sage ich gekränkt.

Manfred bleibt ganz ruhig. »Mit banalen Problemen hat das nichts zu tun. Es ist schon etwas abgehobener. Wir philosophieren, sozusagen.«

»Du musst aufpassen, sie benützt dich, du musst dich wehren, hast du etwas gegen sie in der Hand? Du musst überlegen, wie du sie wieder los wirst, ein Gerücht in Umlauf setzen, du musst sie öffentlich bloßstellen, ihre Arbeit kritisieren, du musst sie beruflich ruinieren ... Mobbing soll ein gutes Mittel sein ...«

Manfred schüttelt gedankenverloren den Kopf.

Er distanziert sich immer mehr, ist nachdenklich, schläft nicht mehr mit mir, mein Begehren weist er zurück. Er ist müde, oder es geht ihm schlecht, oder er hat Blähungen, oder er sagt, er hat Potenzstörungen. »Stell dir vor, erst seit kurzem, ich weiß nicht, ob es nicht doch an dir liegt.« Nachts kann ich kaum schlafen. Ich werde doch mit seinem Chef reden, ich werde sagen, dass unser Privatleben gefährdet ist, dass Frau Baron gekündigt werden muss, dass ich die Firma verantwortlich mache für die ungünstige Entwicklung unserer Ehe, dass mein Mann einem unzumutbaren Arbeitsklima ausgesetzt ist, dass er diese Belastungen nicht aushalten kann. Oder ich werde sie anrufen, ich werde sagen, mein Mann gehört mir, belästigen Sie ihn nicht weiter, kündigen Sie, ich bin bereit, einen bestimmten Betrag zu bezahlen ... Nein, das ist lächerlich.

Manfred sagt: »Sybille ist gefährlich für uns. Ich glaube, sie mag dich nicht. Sie meint, du bist nicht gut für mich, für meine persönliche Weiterentwicklung, du behinderst mich. Ich bin verunsichert, ich weiß nicht, ob sie Recht hat. Ich fürchte, sie steigert sich da hinein, weil sie so verliebt ist in mich.«

»Das ist ungeheuerlich!«

»Sie hat die Fäden in der Hand. Sie kontrolliert mich. Sie sammelt Informationen über mich. Ich bin ihr ausgeliefert, sie könnte mir schaden. Ich muss mich schützen. Andererseits kann sie auch sehr nützlich sein …« – »Manfred, solange du deine Arbeit ordentlich, verlässlich …« – »Du hast keine Ahnung. Sie will etwas von mir. Von mir als Mann, verstehst du? Sie begehrt mich. Sie hat sogar ein Horoskop erstellen lassen, stell dir vor, Sybille und ich würden perfekt zusammenpassen«, sagt er und zieht sich in sein Arbeitszimmer zurück.

Ich muss ihm helfen, aber wie? Er braucht mich wie nie zuvor. Erst in der Krise bewährt sich die Ehe.

Kurz darauf betrete ich leise – ohne anzuklopfen, wie ich das sonst immer tue – sein Arbeitszimmer, ich habe ein dumpfes Gefühl, als ich die Tür leise öffne, überlege ich noch, ob es richtig ist, sich in sein Zimmer zu schleichen, aber da ist dieses Misstrauen, arbeitet er wirklich abends noch für die Firma oder was tut er, er hört mich nicht, total konzentriert starrt er auf den Bildschirm und zuckt erst zusammen, als ich neben ihm stehe. Auf seinem Bildschirm flimmert mir die Frage entgegen: »Wohin willst du abspritzen? Auf meine Brüste, in meine Möse oder in meinen Mund?«

»Es ist nicht, wie du denkst«, sagt Manfred schnell und aufgeregt, »ich kann dir alles erklären.« »Sybille?«, frage ich. Er nickt. »Ich habe dir doch gesagt, dass sie etwas will von mir. Jetzt hast du den Beweis. Sie will mich verführen, es ist wie ein Sog. Glaubst du mir nun?«

»Ich glaube dir.«

»Und außerdem bin ich nicht verantwortlich für die Mails, die ich bekomme«, sagt er kalt.

»So. So. Du bist also dem Datenhighway ausgeliefert.«

Ich werde ihm helfen, helfen müssen, Manfred ist ein Opfer, er braucht meine Hilfe, meine Energie, meine Ideen, ich muss ihn vor diesen Obszönitäten schützen. Mein lieber, sensibler Manfred. Was ist das nur für eine ordinäre Welt? Das ist nichts für dich, Liebling.

Ich passe Sybille am nächsten Morgen vor ihrem Haus ab.

»Sie dürfen meinen Mann nicht mehr bedrängen, sexuell. Er fühlt sich unter Druck, bedroht, Sie sind eine Belastung für ihn. Ich kann verstehen, dass Sie für ihn schwärmen, aber ...«

»Es ist doch umgekehrt, er findet mich anziehend, und wir kommunizieren auf einer intellektuellen Ebene, wie er eben schon lange mit Ihnen nicht mehr reden kann, was er mir glaubhaft versichern konnte.«

»Ja, das nehme ich an. Abspritzen. Möse. Ficken ... als gäbe es nichts Wichtigeres im Leben.«

»Er ist ein netter, liebenswerter, intelligenter und begabter Mann. Ich bin der Meinung, dass Sie selbst schuld sind. Ihr Mann – und das verstehe ich – will, dass Sie seine Karriere begleiten, ihn motivieren, ermuntern, ermutigen, ihm einfach zuhören, Männer sind sehr empfindsam, brauchen regelmäßig das Gespräch, sie haben viele Ängste. Versagensängste. Berufliche und sexuelle. Er braucht«, sagt Sybille ruhig, »Sicherheit und Zuversicht. Und darf nicht überfordert werden. Auch nicht sexuell.«

Ich überfordere Manfred ganz bestimmt nicht! Was behauptet sie da eigentlich? »Ich bin stets bemüht ...«, antworte ich kühl.

»Nun, wenn ich Ihnen meinen persönlichen Rat geben darf: Achten Sie auf seine Wünsche, schaffen Sie ihm ein angenehmes Zuhause, sorgen Sie für eine gute Atmosphäre, Räucherstäbchen, ätherische Düfte, leichtes Essen, entlasten Sie ihn, wann immer es möglich ist, stellen Sie Ihre eigenen Bedürfnisse in den Hintergrund, nehmen Sie sich einfach ganz zurück ... Versuchen Sie nicht, ihn zu verführen, zeigen Sie ihm stattdessen, dass Sie an seiner geistigen Potenz interessiert sind. Machen Sie sich bewusst, wonach Manfred sich sehnt.«

Tu ich nicht schon alles? Muss ich mir von dieser fremden Person solche Ratschläge anhören? Beklagt er sich bei ihr etwa über mich? So kann das nicht weitergehen! Aus. Ende. Schluss. Der Frau kann geholfen werden. Ihre Tipps sind vielleicht im Jenseits irgendwem behilflich. Ich werde also nachhelfen und Sybille entweder mit dem Auto von der Straße abdrängen, ihr vergiftete Schokolade schicken, sie erstechen oder vom Balkon stürzen. Oder ich werde sie mit ihren eigenen Haaren erdrosseln oder mit unserem schönsten Kerzenständer erschlagen. Nein, ich werde sie beim Überqueren der Straße auf dem Zebrastreifen überfahren. Genau, das werde ich tun. Mit Manfreds Auto. Ich werde sie umbringen. Kein gewöhnlicher Totschlag, nein.

Ein paar Tage später – Manfred ist auf Dienstreise in Brüssel bei den EURO-Verhandlungen und dabei wahrscheinlich der wichtigste Mann – steht Sybille überraschend mit einem Topf in der Hand vor unserer Tür. »Von Frau zu Frau«, sagt sie, »Junglammbraten mit Preiselbeeren, selbst gekocht.«

Ich bin ein bisschen irritiert und erwarte Geständnisse und Einsicht. Es wird ein netter Abend. Sie ist charmant, liest mir die Zukunft aus meiner Hand. »Etwas Großartiges wird sich ergeben«, sagt sie, »und du hast ein sehr langes Leben vor dir.« Das höre ich gern. Dann bietet sie mir eine sanfte Fußreflexzonenmassage an und stellt bei der wohl tuenden Behandlung fest, dass meine Sexualität gestört ist, »nicht richtig fließt«, wie sie mir erklärt. Das glaube ich sofort. Da ist endlich jemand, der bereit ist, sich mit meiner Persönlichkeit auseinanderzusetzen. Wir hören ruhige Musik zur Entspannung, trinken Prosecco, und ich kann endlich einmal von meinen Problemen erzählen. Und wie unverstanden ich mich fühle vom Rest der Welt.

Als ich am nächsten Morgen aufwache, liegt Sybille nackt neben mir im Bett. Sehr schön. Ihre Finger zeichnen Kreise auf meinem Bauch. Sie knabbert zärtlich an meinem Ohr. Und sie sieht bezaubernd aus. Nur Muskeln, kein Fett, glatte Haut. Ich fühle mich fantastisch. Manfred hat Recht – sie ist hinreißend. Und ich habe mich verliebt. Nur das zählt. Nichts ist mir peinlich. Wir duschen miteinander, frühstücken, schmieden Zukunftspläne, sie will gleich nach dem Büro wiederkommen und mich verwöhnen.

»Manfreds Lebenslinie«, sagt sie und deutet auf

ihre Hand, »ist sehr kurz. Daran erkennt man, dass er keinen richtigen Lebenswillen hat.«

Das verstehe ich. Ja, das ist es. Eine überzeugende Erkenntnis. Habe ich mir das nicht schon lange gedacht? Hat er sich je um mich gekümmert? Und konnte ich mir je seiner sicher sein? War ich glücklich mit ihm? Konnte ich mich auf ihn verlassen? Gab er mir Vertrauen? Mit Sybille wird alles ganz anders werden. Das neue Glück kommt herrlich überraschend. Plötzlich habe ich wunderbare Perspektiven. Und Manfred? Pech für ihn – ich brauche eben neue Impulse.

Dagmar

Er sagt, soll ich dir etwas mitgeben. Was denn, fragt sie. Er zuckt mit den Schultern, sie liegen beide auf dem Rücken. Starren auf die Decke. In der Ecke sieht sie eine Spinnwebe. Wird er sie auch sehen? Sieht er dasselbe wie sie? Es ist bereits hell im Schlafzimmer, das hat sie am meisten gefürchtet, dass es nach dieser ersten gemeinsamen Nacht regnen würde. Hat sie sich das so vorgestellt?

Endlich hat sie ihn nach Hause mitgenommen, oder ist er mitgegangen, oder hat er sich aufgedrängt, wie war das nur wirklich, hatte sie zu viel getrunken, oder er, war sie schon zu lange allein, ohne Liebhaber, waren es vier oder sechs Monate, lange Zeit, der Körper, nein, ihr Körper ausgehungert, und dieser Mann da, ein Mann mit Sex-Appeal. In ihrem Blickfeld an der Theke. Was für eine glückliche Fügung. Noch dazu allein. Ein Zielpunkt. Warum nicht? Genau das war es. Eine angenehme Stimme. Im PANIGL hat er sie angesprochen, oder doch sie ihn? Auf jeden Fall hatte sie ihn die ganze Zeit schon angestarrt, eigentlich war er ganz banal, hübsch siehst du aus, hat er gesagt und ihr zugeprostet. Noch langen Gesprächen, wenn man doch gar nicht mehr reden will, endlich sein Drängen. Oder war es vielmehr ihr Drängen loszugehen, wegzugehen, heimzugehen, in eine Wohnung zu gehen, in welche, in seine, in ihre?

Ich bringe dich nach Hause, hat er gesagt, oder hat sie gesagt, bring mich nach Hause, oder wo wohnst du eigentlich? Es war sein Charme, es war seine Hand, die sich in ihre legte. Sie zog seinen Körper an sich. Sie vertraute ihm. Und seiner sicheren Führung. Und vor ihrem Wohnhaus hat sie gesagt, komm doch noch mit herein, kurz, oder hat er gesagt, ich komme noch mit, oder darf ich noch mitkommen? Was denn sonst, hat sie gedacht. Sie haben sich geküsst beim Betreten der Wohnung, dann hat er sich alle Zimmer angesehen, er bricht bei mir ein, hat sie gedacht, vor dem Fernseher hat er sie kurz umarmt, sie hat sich auf die Zehenspitzen gestellt, um ihn küssen zu können, er hat noch fernsehen wollen, so sind sie eben, die Männer, hat sie gedacht, und das soll die Leidenschaft sein, die sie sich immer wieder vorstellt? Und sie kann sich da einiges vorstellen. Dann haben sie vor dem Fernseher gesessen, haben einen Film angeschaut, den er schon kannte, über den er jetzt wieder lachen kann, sie sitzt da, verunsichert, ich mag was trinken, was denn, ein Bier, steht auf, holt es sich aus dem Kühlschrank, dann rutscht er näher zu ihr, legt seinen Kopf an ihre Schulter, die einzige Zärtlichkeit.

Dann hat sie gesagt, weil sie nicht lachen kann über diesen Film, ich gehe jetzt schlafen, und du? Ich komme nach, hat er gesagt. Sie hat geduscht, sich die Beine rasiert, Intimspray verwendet, sich die Zehennägel lackiert, ein großes, blaues, weißes Spitzennachthemd angezogen, dann ist sie noch einmal zu ihm gegangen. Er hat sie angelächelt, als sie sich zu ihm gesetzt hat, er hat seine warme Hand auf ihren Schenkel gelegt, schau, hat er in den Fernseher gesagt. Da ist sie aufgestanden und hat gesagt, bis später, und, bist du nicht müde? Sie hat sich niedergelegt, das Licht abgedreht und gewartet. Auf ihn, auf die Zärtlichkeit, auf den Kuss, auf seine Haut, auf seinen Körper, auf seine warmen Hände, auf sein Begehren und auf ihre Lust.

Als sie aufwacht, liegt er neben ihr und schläft. Sie ist überrascht. Aber es ist ein gutes Gefühl, einen Mann neben sich im Bett zu haben. Nein, Angst hat sie keine. Die Sonne scheint ins Zimmer. Sie muss jetzt aufstehen und duschen und ins Büro gehen, und er? Möchte er liegen bleiben in ihrem Bett und weiterschlafen? Will sie das? Sein Oberkörper ist nackt, das kann sie sehen. Sein fremdes Gesicht liegt neben ihr. Sie betrachtet seine Bartstoppeln, den Ansatz eines Doppelkinns, die vollen Lippen. Zärtlich greift seine Hand zu ihr herüber. Seine Augen sind immer noch geschlossen, er rutscht näher, er streicht über ihren Kopf, seine Zehen suchen ihre, sie spürt, dass er ganz nackt ist. Aha. Seine Hand liegt auf ihrem Nachthemd, streichelt es vorsichtig. Sie tut nichts. Nichts. Sie liegt da. Erstarrt. Die Hand fühlt sich gut an. Sie schlägt die Decke zurück, sieht, dass er erregt ist. Was geht sie seine Erregung an? Jetzt, in aller Frühe, wo sie es doch schon eilig hat. Ein ganz normaler Mann, denkt sie. Das ist es doch, was sie will, oder?

Ich muss jetzt aufstehen, sagt sie, deckt ihn wieder zu und dreht das Radio an. Da macht er die Augen auf und grinst. Er rückt ab, greift mit der Hand unter seine Bettdecke. Streichelst du dich jetzt, fragt sie. Er antwortet nicht. Sie streckt ihre Hand nach ihm aus. Sie berührt ihn, seinen Bauch, seinen Kopf, er dreht sich um und sagt, den Rücken bitte. Also streichelt sie seinen Rücken, die Wirbelsäule entlang, rauf und runter. Ich genieße, sagt er.

Abrupt steht sie auf. Sie geht ins Bad. Sie duscht. Ich habe Träume, sagt sie und hält die Brause zwischen ihre Beine. Sie trocknet sich ab, zieht sich rasch an und sagt, das Bad ist frei, aber er ist schon angezogen. Wir können gehen, sagt er. So ist das also, denkt sie. Seine kalten Lippen berühren ihre sanft, ich rufe dich an, sagt er, dann geht er schnell weg und sie sieht ihm nach. Sie geht in eine andere Richtung. Er ist so groß, denkt sie, sein Körper so mächtig. Warum ist sie enttäuscht, was hat sie für ein Gefühl für ihn, wie ist diese Sehnsucht noch diesem Körper erklärbar? Vielleicht Fantasie, Sex und Zärtlichkeit, langandauernd, heftige Leidenschaft, sie will sein Glied spüren, wie es pocht in ihr, gegen ihre inneren Wände stößt, fest.

Er meldet sich tagelang nicht. Hat sie etwas falsch gemacht? Sie will noch eine Chance, ein Wiedersehen, eine Wiederholung, das war doch einer zum Anfassen, oder? Einer zum Hinlangen. Er gefällt ihr gut. Sehr gut. Er ist aber nicht einer von denen, die gleich an Sex und die Zukunft denken, wenn sie eine Nacht bei einer Frau verbringen. Na ja.

Warum sollte er ihr eigentlich schon wieder verloren gehen, jetzt, da sie ihn gerade gefunden hat?

Dann wünscht sie sich, dass er anruft und sagt, du, schauen wir uns gemeinsam einen Film an. Er hat doch gesagt, er meldet sich.

Dann hat sie ihn plötzlich am Telefon. Sie ist

ganz aufgeregt, schon will sie seine Hände auf ihren Brüsten spüren und in ihrem Schoß.

Er sagt, du, ich muss dir etwas sagen.

Was denn?

Er sagt, sie heißt Dagmar.

Wer?, fragt sie.

Sie, sagt er.

Sie presst den Telefonhörer an ihr Ohr. Sie erschrickt, möchte am liebsten losheulen. Auch aus Wut. Sie, diese SIE ist deine Freundin, deine Geliebte, sagt sie, die zu dir gehört.

Ja, sagt er schnell, genauso ist es, aber mit dir hat das nichts zu tun.

Können wir uns sehen, fragt sie.

Wozu, sagt er.

Ich möchte mit dir darüber reden, sagt sie, was ich für dich bin. Eine Affäre, ein Abenteuer, eine Abwechslung?

Da gibt es nichts zu sagen, sagt er, es ist schon alles gesagt.

Es ist schon alles gesagt. Ein Klicken in der Leitung. Er hat die Verbindung unterbrochen. Sie ist leer und ganz still. Traurig, enttäuscht. Kann das alles gewesen sein? Sie sieht ihn vor sich. Sie will ihn. Jetzt und sofort.

Nach einer Woche steht er plötzlich vor ihrer Tür. Sie ist überrascht, wie gut er aussieht, wie verschmitzt er lächelt, wie er sie festhält, gleich bei der Tür, er kann sie nicht vergessen, das hat sie doch gewusst, diese gegenseitige Anziehung, ja, dazu musste es kommen, von Gefühlen überwältigt konnte er nicht anders als aufzutauchen, spontan, gewiss hat er seinen ganzen Mut zusammengenommen. Und vielleicht kommt nun doch noch alles in ein natürliches Gleichgewicht, er hat mit Dagmar gesprochen, ihr gestanden, dass er sich in eine andere Frau verliebt hat, das kommt vor, die Konsequenzen gezogen, sich getrennt von ihr. Oder Dagmar hat ihn aus der Wohnung geworfen, enttäuscht und böse. Noch tut alles weh, sie versteht das. Selbstverständlich wird sie ihm Zeit geben. Und dann wird sie ihn trösten und verwöhnen, damit er Dagmar sehr schnell vergisst.

Komm nur, komm. Wozu reden jetzt? Jetzt ist endlich Schluss mit dem asketischen Leben! Sie küssen einander, sie ziehen einander aus, er hat seinen Penis als Sprache, sein Sprachrohr, denkt sie. Der Penis ist groß und hart, sie lieben einander, zäh, leidenschaftlich, wild, oder sie lässt sich lieben von diesem Körper. Sie fühlt sich ihm ganz nah. Glücklich und erschöpft, heiß der Schoß und wund und gesättigt. Dann muss er gehen. Er hat es eilig. Er hat noch einen Termin. Sie denkt, Dagmar ist ein Termin.

Mit dir ist es schön, sagt er noch schnell, aber du weißt ja, Dagmar. Es darf nicht mehr passieren.

Aber ich will dich, sagt sie, nicht nur zufällig, sondern regelmäßig.

Es ist eh alles gesagt, sagt er und schüttelt den Kopf. Durch dein Sprachrohr, antwortet sie. Sein Glied kommt ihr übermächtig groß vor. Es fällt ihm wohl schwer, es zu beherrschen, denkt sie gehässig. Die Dagmar interessiert mich, schreit sie plötzlich in sein Gesicht, die will ich jetzt kennen lernen. Aber dieses Gesicht ist gar nicht mehr da.

An Dagmar denke ich nicht, denkt sie. Aber wer ist Dagmar? Wie sieht sie aus, die große Fremde, Unbekannte, Bedrohliche. Was macht sie? Sie stellt sich vor, wie Dagmar aussieht. Ein großes, breites Gesicht, das Sicherheit ausstrahlt. Weiße, gleichmäßige Zähne.

Zu der schönen Verkäuferin in einer teuren Boutique sagt sie: heißen Sie Dagmar, die schüttelt den Kopf. Sie geht durch die Straßen, sie sucht nach Frauen, die Mitte zwanzig sind und fragt mitunter, sind Sie Dagmar? Manchmal denkt sie, dass Dagmar klein ist und rothaarig und unbeschwert und fröhlich, und manchmal denkt sie, dass Dagmar groß ist, mindestens einsachtzig, und schwarzhaarig und sehr erotisch. Sie weiß nicht genau, warum sie sie sucht. Aber sie will sie sehen können, vielleicht sprechen. Ihre Freundinnen sagen, ach, er ist wie alle anderen. Wie alle anderen, denkt sie. Ich möchte Dagmar sein, denkt sie.

Kennen Sie Dagmar, fragt sie die Menschen auf der Straße.

Dagmar?, fragen sie, wie ist ihr Nachname, ich weiß nicht, sagt sie, ich weiß nicht genau, was oder wen ich suche. Wie sieht sie denn eigentlich aus, die Dagmar, fragen fremde Menschen beruhigend. Ich glaube, Dagmar sucht mich, sie will auch wissen, wer ich bin, falls sie von mir weiß, oder sie will mich verdrängen, aber sie spürt mich. Es ist eine ganz komplizierte Geschichte, die ich auch nicht ganz erklären kann, die ein wenig im Dunkeln schwebt, wissen Sie, da ist vieles nicht ausgesprochen, aber ich fühle, Dagmar und ich, wir hätten einiges zu besprechen. Dagmar hat Angst vor der Wahrheit, das ist es wohl.

Er hat ihr zwar nichts versprochen. Er hat nicht gelogen. Aber Dagmar wurde betrogen, sie muss es ihr erzählen, sie muss den Kerl verlassen, ihn aus ihrem Leben werfen. Sie wird ihr die Wahrheit sagen müssen. Dagmar muss ein ganz schüchternes, junges, unsympathisches, naives Mädchen sein, blass, dünnes Haar, zartes Stimmchen, zögerlich, wenn sie Dagmar anrufen würde, was würde sie sagen. Hallo, wir kennen denselben Körper?

Und plötzlich steht er wieder in der Tür, umarmt sie heftig, presst sich an sie, diese lange Sehnsucht nach dir, immer, sagt er, muss ich an dich denken, aber ich habe so wenig Zeit, so viel zu tun, einen neuen Job, der Computerclub, totaler Einsatz, ich schlafe kaum. Und Dagmar, sagt sie. Und da ist diese Lust, ihre Lust auf ihn, und seine Lust soll nur ihr gehören, nur ihr, aber dieser Name Dagmar ist da in ihrem Schädel und tickt. Laut und bedrohlich.

Ach Dagmar, antwortet er. Wer soll Dagmar sein, fragt er, als er sehr hektisch ihr Kleid abstreift, als hätte sie es eigens für diesen Augenblick angezogen, so ein leichtes, eines zum Abstreifen über die Schultern, ein weites, eines, das leicht zu Boden fällt, ein Kleid ohne tückischen Reißverschluss und ohne Gürtel, als hätte sie sich für ihn schön gemacht, für diesen Augenblick, oder hat sie sich nicht schon oft so schön gemacht, das passende Kleid angezogen, für diesen Augenblick, genau für diesen, der irgendwann eintreten musste. Dass er da stehen würde, ohne anzurufen, einfach, das hat sie gewusst und oft gehofft, sich oft geduscht, die Haut eingecremt, die Haare aufgesteckt. Gekonnt öffnet er den Büstenhalter, ihre Brüste kommen seinen Händen, seinem Mund entgegen. Sie will schweigen. Sie kann nicht. Nicht jetzt.

Erzähl mir von Dagmar, sagt sie eindringlich, jetzt, erklär mir. Bitte.

Seine Lippen lösen sich von ihrer Brust, er löst den Gürtel seiner Hose, schlüpft heraus, verwundert steht sie noch immer bei der Tür. Komm, sagt er, ins Schlafzimmer. Und geht voraus. Und sein dickes Glied spannt die Unterhose. Eine weiße mit dunkelblauen Tupfen. Und er knöpft sein Hemd auf. Zieh dich ganz aus, sagt er, so wie ich mich, und legt sich auf den Rücken, ins Bett. Und der Penis ragt ihr erwartungsvoll entgegen.

Dagmar, sagt er, gibt es natürlich nicht. Keine Frau soll sich an mich klammern. Ich erzähle das immer. Nur ein Scherz. Ich muss mich schützen. Schützen vor den großen Gefühlen der Frauen. Ich suche immer die Abwechslung, das Abenteuer, den Reiz des Neuen. So wie du, nicht wahr? So wie ich, antwortet sie.

Komm schon, sagt er, und sie steigt aus ihrem Slip. Dagmar schwebt an der Decke und sieht zu. Sieht alles. Sie setzt sich auf ihn, spreizt die Beine, wie er es erwartet, sein Glied ist groß und hart, sie nimmt es in die Hand, schon seufzt er, gut so, fester, sagt er, zupacken, schneller. Sie denkt, sie greift so zu, wie seine Hand zugreift, wenn er allein ist oder fremde Hände zugreifen, sich zu schaffen machen an diesem Glied, das sie drücken, schwächer und stärker, und daran ziehen oder es quetschen, wie sich eben die Hände zuständig fühlen für die Lust, die sich in ihnen aufbäumt. Sie nimmt sein Geschlecht in den Mund, wie andere Münder und Lippen zu anderen Zeiten an verschiedenen Orten es liebkosen. In ihr pocht es, erwartungsvoll liegt er da, die Augen geschlossen, er atmet schnell, die Bauchdecke hebt und senkt sich, rhythmisch. Er stöhnt laut, so wird sie belohnt für ihr Können, die Zunge rast nun am Glied hinauf und hinunter, sie schleckt und knabbert – und sieht Dagmar vor sich, die es nicht gibt, oder die viele Gesichter hat und viele Namen und wahrscheinlich blond ist und schlank und langhaarig und jung und rothaarig und üppig, so wie er zu ihr gesagt hat, als Kompliment, schön üppig sei sie, und plötzlich schreit er. Was schreit er so schrecklich hysterisch? Sie kann nicht loslassen. Erst als nur mehr die Zähne gegeneinander reiben, wie beim Knirschen im Schlaf, spuckt sie aus.

Ungewiss

Jeden Sonntagmorgen, wenn sie allein ist, liest sie im Bett die Zeitung. Und besonders interessiert sie sich für Kontaktanzeigen. Bei einem Inserat bleibt sie hängen:

Unternehmer, gut aussehend, souverän und belastbar, sucht willensstarke, selbstsichere, autoritäre Frau.

Das interessiert sie. Eine Postfachnummer ist angegeben.

Ich heiße Klara, antwortet sie schriftlich, *bin eine sehr große, schlanke Frau, die die härtere Gangart bevorzugt und erwarte Sie am 21. 3. um 18.00 Uhr im Café Prückel. Ich werde Sie an roten Damenlederhandschuhen erkennen, die Sie mitbringen werden.*

Mit der Straßenbahn fährt Ruth zum Café Prückel. Sie wartet bis 18.45 Uhr und betritt dann das Kaffeehaus. Der Mann fällt ihr sofort auf. Er hält die Handschuhe nervös in seiner Hand. Sie geht zielstrebig zu ihm. »Ich bin Klara«, sagt sie. Seine Hand ziert ein Diamantring. Ruth bestellt Kaffee. Er hat ein weiches, feminines Gesicht, kleine Falten um die Augen, ist etwa Mitte vierzig, wirkt gepflegt und kultiviert. »Ich habe auf Ihre Annonce geantwortet«, sagt sie, »weil ich mich in besonderer Weise von ihr angezogen fühlte.« – »Ich verstehe«, antwortet er, »ich bin an einer starken erotischen Verbindung interessiert.« – »Ich auch», sagt sie und lächelt süffisant. »Ist das eine verdeckte Botschaft?«, fragt er.

»Ich bitte den Genießer ambitionierter Dominanz zu Tisch und habe für alles Verständnis«, erklärt sie.

»Für wirklich alles? Sind Sie sicher? Oder ist das nur eine kühne Behauptung?«

»Lassen wir es doch auf einen Versuch ankommen ...«

»Sie sind es. Genau Sie sind es. Ich bin bereit, mich Ihnen zu unterwerfen. Ich nehme an, dass Sie eine egoistische Person sind, die es versteht, mich auszunützen.«

»Ich weiß nicht genau, wie Sie das meinen und wozu Sie bereit sind.«

»Ich glaube an die Fantasie. Und die Taten, die ihr unweigerlich folgen müssen. Fordern Sie von mir, dass ich stundenlang Ihre Schuhe oder Ihren Boden putze. Ich werde es tun. Bestrafen Sie mich, wenn ich es nicht richtig mache.«

»Nun, ich habe wenige Schuhe und Stiefel und einen Teppichboden. Ich weiß nicht, ob mich das anregt. Fällt Ihnen etwas anderes ein?«

»Sie befehlen mir, mich vor Ihnen hinzuknien. Mit verbundenen Augen.«

Er blickt auf den Tisch, den Kopf gesenkt, seine Hand zittert. Ruth wartet. Das kennt sie schon. Das ist ihr vertraut. Es muss doch mehr geben, anderes.

»Sie sind die, die ich schon lange gesucht habe, darf ich ganz direkt und konkret werden?«

»Ja, reden Sie«, fordert sie. Sie will ihn in die Enge treiben, seine Lust ansprechen, er soll aussprechen, was ihm Angst macht.

»Ich will den Schmerz, den physischen und den psychischen. Die Erniedrigung.»

»Und weiter, was genau?»

»Sie sind die Richtige, ich will diesen Höhepunkt, und dann das Ende des Schmerzes.«

»Ich kann Ihnen nicht ganz folgen ...«

»Ich will sterben. Das absolute Lustgefühl. Der Akt der totalen Hingabe ans Leben. Intensiver als jeder Orgasmus zuvor. Aber allein will ich es nicht vollziehen.»

»Sie denken an Doppelselbstmord?«, fragt sie spitz. So etwas will sie nun wirklich nicht.

»Nein, aber wer will schon alleine sterben. Eine Unterstützung brauche ich. Sie sind es. Ihren Wünschen werde ich mich fügen. Es muss ein Lusttod sein.«

»Warum wollen Sie sterben?'

»Ich liebe das Leben, die Lust, die Demütigung, den Schmerz und die Hingabe. Wenn Sie mir den Tod durch den Strang geben, wäre das meine Erfüllung.« Er hält sich die Handschuhe an seinen Hals.

»Ist das nicht bloß theatralisch? Sind Sie denn auch wirklich dazu bereit? Oder sind Sie nur ein Verbalerotiker?«

Sie müsste schockiert sein. Er sollte ihr egal sein. Wie ihr alle egal waren, bisher, mehr oder weniger. Eine Anspannung, diese Gereiztheit ihrer Haut, die Verabredung mit Fremden, sie hat Lust, Lust auf Macht, auf Kontrolle. Sie will ihn beherrschen, besitzen, demütigen. Er fordert sie heraus. Und ist selbst schuld.

»Jetzt spielen Sie die Naive! Ich weiß, dass es für Sie genauso aufregend und geil ist. Zuerst verbinden Sie mir die Augen, ich stelle mich auf einen Sessel, Sie legen ein Seil um meinen Hals, binden es an einem Balken fest, Sie fesseln meine Hände, und dann geben Sie mir mit einem heftigen Stoß den Tod.« In nüchternem Ton fährt er fort: »Ich würde eine Lebensversicherung abschließen. Mit Ihrem Namen als Begünstigte. Das ist Ihre Belohnung.«

Plötzlich fühlt sie Distanz. Allein für Geld macht sie es nicht. So eine ist sie nicht. Ruth rührt störrisch mit dem Kaffeelöffel in der Kaffeetasse.

»Es gibt eine Sado-Maso-Szene«, sagt sie, »warum probieren Sie es nicht dort? Ich bin mir nicht sicher, ob ich Sie nicht doch bald fallen lassen würde. Ob Sie mich nicht langweilen mit Ihren Ideen.«

»Ich will Sie. Ich suche nicht irgendjemanden. Und ich hoffe, Sie sind nicht abgestumpft, sondern neugierig und lustbetont«, sagt er.

»Lebensversicherung – wird bei Selbstmord nicht ausgezahlt.« Er glaubt wohl, sie kennt sich in diesen Dingen nicht aus.

»Ein kleiner Irrtum, daran habe ich nicht gedacht.»

»Ich vermute, so groß ist Ihre Sucht gar nicht«, antwortet sie.

Sie verlangt seine Telefonnummer. Er gibt ihr seine Visitenkarte. Er ist Steuerberater.

»Ein Sparbuch mit einer Million«, provoziert sie ihn, »unter diesem Betrag läuft nichts.« Sie steht auf. »Ich werde Sie wieder anrufen. Denken Sie darüber nach.« Ohne sich noch einmal umzudrehen, verlässt sie das Kaffeehaus.

Von nun an ruft sie ihn öfter aus öffentlichen Telefonzellen an und fordert ihn auf, ihr seine Fantasien zu erzählen. Darin sieht er sich von ihr ans Bett gefesselt. Und sie nötigt ihn zum Sex. Und es endet immer mit seinem Tod. Das wollte sie immer schon einmal sehen, wie einer stirbt.

Ruth bestimmt den Ort, den Zeitpunkt. Und den Preis.

Dann erlaubt sie ihm, sie im Café Prückel zu treffen. Sie trägt Lederstiefel mit hohen Absätzen. Er selbst ist festlich gekleidet. Schwarzer Anzug. Weißes, gestärktes Hemd. Rote Krawatte. Lacklederschuhe. Kurz geschnittene Fingernägel. Er war auch beim Friseur. Er hat sich nach Ruths Vorstellungen eine Glatze rasieren lassen. Er zeigt ihr das Sparbuch. Sie ist zufrieden. Ohne Losungswort. Es ist, als schlage ihre Lust an wie der Pulsschlag. Es ist nur Beihilfe zum Selbstmord. Es ist keine Straftat. Es ist seine Entscheidung. Es ist ein Abenteuer, wie sie noch keines hatte. Die Lust sitzt in der Vagina. Heftig. Schmerzvoll.

Sie denkt an den matten Abklatsch »Sterbehilfe«. Eine kleine Dose mit den Tabletten auf dem Nachtkästchen für die Reise ins Jenseits. Wann ist jemand alt oder krank genug für so ein Angebot? Wenn man für den Staat unbezahlbar und für die Verwandten eine Zumutung ist? Damals diskutierte sie noch. Papa, sagte sie, und wenn du für mich eine Zumutung bist, schon jetzt, was dann, wie lösen wir dieses Problem?

Heute ist alles ganz anders. Heute will sie einen erfolgreichen, dynamischen, reichen, gesunden Mann mit ganz anderen Mitteln töten.

Er wirkt ruhig und ausgeglichen.

Sie hat kein Mitleid. Interessant ist nicht, was mit ihm passiert, sondern was in ihr passieren wird. Was es auslösen wird. Was sie fühlen wird. Ja, darauf ist sie neugierig.

Sie verabreden sich noch in derselben Nacht um drei Uhr früh beim Schloss Wilhelminenberg.

Gemeinsam fahren sie in seinem Jaguar quer durch Wien. Sie hat den Ort, eine Baustelle im 20. Bezirk, sorgfältig ausgewählt.

Ob wir den Termin verschieben sollten, überlegt sie, es gäbe so noch eine Chance, ihr Erleben für ihn und sich selbst wiederholbar zu machen. Diesen Nervenkitzel.

»Du bist bereit?«, fragt sie.

»Selbstverständlich«, antwortet er erwartungsgemäß.

»Nun«, räumt sie ein, »du hättest ja aus einer Schwäche heraus ...« Das Wort Schwäche betont sie etwas abfällig.

»Wir haben uns doch gemeinsam entschieden«, sagt er knapp.

Sie zieht die Lederhandschuhe an. Nur keine Sentimentalitäten jetzt.

»Ich würde alles abstreiten«, sagt Ruth, »auch, dass ich dir je begegnet bin. Falls mich jemand beobachtet hat.« Dann sprechen sie nicht mehr. »Ein schwarzer Hocker wartet schon vor Ort«, sagt sie beiläufig.

Es ist ein Neubau. Sonntag. Das Betreten der Baustelle verboten. Rohbau. Eine Wohnsiedlung. Niemand ist hier. Ob er es jemanden erzählt hat, überlegt sie kurz. Aber das ist ganz unwichtig, eigentlich. Über die provisorische Holztreppe klettern sie in den sechsten Stock.

Die Situation könnte kippen. Vielleicht will er sie umbringen? Hinunterstoßen? Über einen dieser ungesicherten Balkone? Sie achtet darauf, sich in sicherer Position zu bewegen, ihm nicht den Rücken zuzuwenden. Sie ist misstrauisch.

Er überreicht ihr das Sparbuch. »Blick zu Boden!«, befiehlt sie. Er soll sich schuldig fühlen. Sie legt ihm eine schwarze Augenbinde um, die er mitgebracht hat. Sie fesselt seine Hände. Dann führt sie ihn zum Balkon. Stellt sich hinter ihn. Sie konzentriert sich. Und gibt ihm einen heftigen Stoß. Und das tut gut. Er stürzt nach unten, seine Hände am Rücken zusammengebunden. Er schreit nicht. Sie hört nur den Aufprall und sieht nicht nach unten.

Natürlich ist sie nicht dazu da, sich seinen Wünschen zu fügen.

Sie ist erleichtert. Sie konzentriert sich auf ihre Gefühle und entspannt sich.

Bloß nie an den Ort des Geschehens zurückkehren, das darf sie nicht vergessen. Sie hat sich das schöner vorgestellt, ihn hinunterzustoßen, anstatt ihn an einem Seil baumeln zu sehen. Und was, wenn es gerissen wäre! Nein. Vielleicht hätte sie ihn länger quälen sollen. Zu spät. Eine Episode im Leben hinter sich lassen. Abhaken. Sie hat viel Neues vor.

Sie betrachtet die Baustelle, die Kübel, Drähte, Nägel und Schrauben, alles, was da so herumliegt, es werden wohl Wohnungen, rechteckige Zimmer, die Fenster große Löcher, der Ausblick zum Frachtenbahnhof, es werden Züge verschoben, sie raucht noch eine Zigarette. Greift in die Seitentasche ihres Mantels. Beruhigend. Sie spürt das Sparbuch. Ein kleines, wertvolles, gebundenes Büchlein.

Sie steigt Stufe für Stufe zu ihm hinunter. Aus seinem Ohr rinnt Blut. Der Kopf ist zerschmettert. Sie nimmt ihm die weichen Lederbänder und die Augenbinde ab, gibt beides in eine kleine Papiertasche. Die Fesseln haben keine Spuren hinterlassen.

Es ist kalt. Bald wird es hell werden.

Sie verlässt die Baustelle. Sie ist sicher, dass niemand sie gesehen hat. Sie geht in den ersten Bezirk und besteigt ein Taxi. Zu Hause verstaut sie die Perücke im Kleiderschrank. Den Rest des Sonntags verbringt sie damit zu schlafen und fernzusehen. Interessant ist, was in einem selbst passiert. Diese gewisse Gereiztheit und dieses einzigartige Gefühl der Überlegenheit.

Die Augenbinde und die Lederhandschuhe wirft sie am Montag im Büro zum Sondermüll. Der Abteilungsleiter ruft sie zu sich und teilt ihr feierlich mit, dass sie ab Mai Gruppenleiterin sein wird. Vorgesetzte von 25 Personen. Er schüttelt heftig ihre Hand. Sie ist sehr stolz. Das ging Schlag auf Schlag. Eine Gehaltserhöhung ist ihr sicher. Sie weiß, dass sich ihre Kollegen vor ihr fürchten. Das ist der erste Schritt zu einer richtigen Karriere. Sie teilt dem Abteilungsleiter mit, dass sie die nächsten zwei Wochen Urlaub nehmen will. Karibik. Nach kurzem Zögern ist er einverstanden.

Nach dem Urlaub wird sie das Sparbuch mit einer Million Schilling auflösen. Sie wird es sich gut gehen lassen.

Abends geht sie allein in ein exquisites Restaurant essen. Sie mag es, wenn die Kellner umherschwirren. Auch sie lässt sich gerne bedienen.

Evi und Birgit

Meine Freundinnen haben immer Glück. Ihre Liebhaber sind klug, raffiniert beim Liebesspiel, ausdauernd, können bis zu achtmal in einer Nacht oder haben Lust, sie eine ganze Nacht lang zu streicheln. Nicht, was du denkst. Nicht nur die erogenen Zonen. Von Kopf bis Fuß. Aus reiner Hingabe. Unglaublich. Sie haben faszinierende Ideen, Sex im Aufzug oder in der Küche, sie schenken Dessous, sind stets humorvoll, haben einen durchtrainierten Körper und ernähren sich makrobiotisch. Sie führen sie zu Do & Co ins Haas-Haus zum Essen aus oder zum Shopping noch Salzburg. Und sie können den Liebesakt auf 28 Minuten ausdehnen. Und der ganze männliche Körper ist eine einzige Verlockung. Nicht nur das mit überdurchschnittlichen Maßen ausgestattete Glied.

Das muss ich mir jeden ersten Donnerstag im Monat anhören, oft auch noch am Telefon. Meinem Liebhaber fällt auf, dass meine Haare weiß werden, geschnitten werden müssten, dass ich beginnende Zellulitis habe, zu kleine Füße und oft Mundgeruch. Die Brüste könnten größer sein, die Beine sind zu kurz, aber sonst, betont er, schon recht attraktiv. Sensibel wie ich bin, fühle ich mich nicht unbedingt geschmeichelt. Aber er begehrt mich. So viel ist sicher. Er kann und will schließlich durchschnittlich einmal pro Woche, meistens sonntags, vorausgesetzt, sein Kreislauf ist stabil – schließlich misst er jeden Morgen seinen Blutdruck. Sex passiert bei uns immer im Bett. Obwohl er mir ins Ohr flüstert, dass er mich gerne über den Schreibtisch legen würde, stünden da nicht sein Computer und der Drucker …

Mein Liebhaber schnarcht selbstgefällig und genießt meine Zärtlichkeit. Sein Körperbau ist proportional in Ordnung. Auch sein Glied passt wohlgefällig zu seiner Gesamtstatur. Aber es ist doch alles recht durchschnittlich. Mein Lebensabschnittspartner hält mir keine Türen auf, hilft mir nicht aus der Wäsche und lädt mich nicht in superteure Restaurants ein. Aus Gewohnheit schleckt er immer das Messer ab – das verbietet man doch schon Kleinkindern –, und nach jedem Essen sucht er mit den Zahnstochern zwischen den Zähnen noch Fleischresten und ist erst dann wirklich zufrieden, wenn das Zahnfleisch blutet. Blute ich schon, fragt er mich interessiert. Und er hat eine extrem langsame Verdauung und unregelmäßigen Stuhlgang, wie er erzählt, deswegen sei er ein wenig träge. Er verwendet Zahnseide, wenn er abends ins Schlafzimmer kommt, und deponiert diese auf dem Nachtkästchen. Er ist der Hausmarke meiner Präservative gegenüber misstrauisch. Aber er ist selbstständig und verlässlich, wohlerzogen, er riecht angenehm und ist sauber. – Und er ist monogam, wie er versichert, vielleicht ein bisschen zu oft versichert.

Alles in allem also nichts, worüber man Aufregendes berichten könnte. Deshalb schweige ich bei den Berichten meiner Freundinnen immer deprimiert.

Die Liebhaber meiner Freundinnen tragen Anzüge von Versace, Hemden von Boss, Schuhe nur von amerikanischen Designern. Sie sind fantasievolle Liebhaber, wie die Freundinnen mir versichern, sie legen frisch gewaschene Erdbeeren und frisch geschnittene Bananenscheiben auf die faszinierenden Bauchnabel ihrer Geliebten und verzehren diese mit Genuss. Und sie schlecken frisch geschlagenes Schlagobers von ihren Brüsten. Und meine Freundinnen dürfen das kostbare Sperma dieser Männer schlucken, was gut für die Haut ist, hervorragend schmeckt und eine besondere Beziehung eben ausmacht. Mein Liebhaber hingegen entsorgt sein Sperma diskret.

Meine Freundinnen sind glücklich, entspannt, zufrieden, voller Elan und Vitalität, sie sprühen förmlich vor Kreativität.

Von Woche zu Woche, von Monat zu Monat fühle ich mich mieser, wenn ich zu den regelmäßigen Treffen mit meinen Freundinnen gehe. Es muss etwas geschehen. Schon oft habe ich mir überlegt, wie ich mich von Evi und Birgit befreien könnte. Wie ich sie loswerde. Ich finde Glück unnötig. Und schrecklich. Langweilig. Wen interessieren die Beschreibungen von glücklichen Momenten, außergewöhnlichen Nächten, akrobatischem Sex? Niemanden. Das Leben muss zäh, anstrengend, ein ewiger Kampf, die Sorge um den Arbeitsplatz und den Verlust der Liebe sein. Unsentimental. Wir verlieben uns ein bisschen und schnell, wir trennen uns langsam und angestrengt, dazu haben wir Freunde und Freundinnen, die nur dazu da sind, uns zu trösten, uns Mut zu machen und uns zu versichern, dass wir – trotz unserer vielen Fehler und Charakterschwächen – liebenswert sind. Über glückliche Zustande will heutzutage wirklich niemand mehr etwas hören. Das Glück der anderen ist nichts anderes als eine Last. Und wird man damit konfrontiert, lügt man und sagt mit einem gewissen Unterton: Das freut mich aber für dich.

Und dann fuhren wir auch noch gemeinsam nach Innsbruck. Evi, Birgit und ich. Eine kleine, günstige Wochenendreise. Die Liebhaber meiner Freundinnen waren zu einem Wochenendseminar für Männer – Augenblicksastrologie als Entscheidungshilfe im Führungsprozess – nach Spanien aufgebrochen. Am Abend sollte es eine Einführung in die indische Ritualmassage geben. Natürlich hätten Evi und Birgit mitreisen können. Aber unsere Freundschaft ist einfach wichtiger und muss vertieft werden. Dafür verzichtet man gerne auf bioenergetische Körperarbeit und eine reflexive Auseinandersetzung mit der eigenen Haltung. Wir wollten gute Gespräche führen und weder ein Intensivtraining mit Praxisfallstudien noch den sanften Weg der Farben beschreiten. Wir wollten Jugenderinnerungen auffrischen und uns amüsieren. »Eine Freundschaft erspart die Therapie«, pflegt Birgit gern zu sagen.

Evi hatte alles organisiert. Das kleinste Zimmer bekam ich. In der Dusche Schimmel. Zum Frühstück zwei altbackene Semmeln, ranzige Butter und Ribiselmarmelade. Und das nannte sich Frühstücksbüfett. Evi benötigte – trotz regelmäßigen Verzehrs von gesundem und die Haut nährendem Sperma – für ihre Schminkorgie morgens zwei Stunden. Unkomplizierte Spezialbehandlung. Das alles machte mich leicht aggressiv.

Wir schlenderten durch die Altstadt, bestaunten einen lebenden Elefanten vor dem Rathaus, hörten Blasmusik und beschlossen, uns etwas Schönes zu kaufen. In einer Auslage sah ich ein sündhaft teures Kleid. Rot. Kurz. Enganliegend. Tief dekolletiert. Purer Luxus. Ich sah es zuerst. Es war bereits kurz vor Ladenschluss. Die Verkäuferin sah vorwurfsvoll auf die Uhr, als wir das Geschäft betraten. Evi und Birgit forderten eindringlich: »Probier's doch an.« Das Kleid gab es nur mehr in Größe 40. Das in der Auslage sei Größe 36, versicherte die Verkäuferin. Ich sollte es anziehen, wenn mir der Schnitt stehen würde, würde sie es selbstverständlich für mich aus der Auslage nehmen. Das Kleid gefiel mir. Und war natürlich zu groß. Und als ich damit aus der Umkleidekabine trat, um mich von meinen Freundinnen bewundern zu lassen, sah ich, dass die Verkäuferin das Kleid aus der Auslage soeben für Evi einpackte.

»Das ist mein Kleid«, schrie ich, Evi wurde rot. »Ich habe es soeben bezahlt«, lächelte sie sanft, »das Kleid hätte dir doch sowieso nicht gepasst. Dir wäre es auf jeden Fall zu klein gewesen.«

Das tat weh. Sie hatte einfach mein Traumkleid gekauft. Ist das Freundschaft, die eine Therapie erspart? Ist das die viel gepriesene Solidarität? Die dürre Evi ist bereits im Besitz von mindestens acht Laura-Ashley-Traumkleidern und diversen Paar

Schuhen von Lisa Tucci. Mit ihren dazu passenden kindlich-kleinen Handtäschchen sieht sie natürlich süß aus und naiv, und das mit Vierzig. Ich bin mir nicht sicher, ob sie nicht doch lächerlich wirkt. Außerdem geht sie ständig zum Friseur. Haarwurzelanalyse. Volumen und Spannkraft ins Haar. Aber sie riecht verführerisch. *Obsession.* Am liebsten hätte ich sie an Ort und Stelle umgebracht. Erstochen mit tausenden Stecknadeln, die ich ihr durch das kalte Herz gerammt hätte. Aus Wut. »Ich glaube, du hast Mundgeruch, aber vielleicht täusche ich mich«, sagte ich zu ihr um Fassung ringend. »Du bist ganz schön böse«, antwortete sie. Birgit sagte: »Habt ihr gewusst, dass es wahrscheinlicher ist, ab Mitte dreißig in einen Verkehrsunfall verwickelt zu werden als einen neuen Lebenspartner zu finden?«

Darauf musste man versöhnlich anstoßen.

Wir gingen ins nächstbeste Restaurant und bestellten als Vorspeise Lachseier. Evi legte fast zärtlich ihre Hand auf meine und stöhnte: »Diese Kalorien.« Der nächste Gang Fischbeuschelsuppe. Als Hauptspeise für Evi und Birgit Wachteln in Rahmsoße. Ich bestellte Hummer, schön verziert. Und als Nachspeise Russische Teebombe. Und dazu tranken wir teuersten Rotwein. Ich sagte Evi, dass ich ihren Walter für einen Frauenheld halte. »Er flirtet gerne mit anderen Frauen, habe ich gehört. Kürzlich erst soll er gesagt haben, dass er bei einer Frau gerne etwas in der Hand hat. Etwas Handfestes. Glaubst du nicht, dass er, wenn die Richtige in einem schwachen Moment … du weißt doch, Männer, und dann ein verlockendes Angebot …« Darauf antwortete sie schrill: »Von wem hast du das?« Ich meinte, sie müsste schon verstehen, dass ich ihr das wirklich nicht sagen könne, worauf sie empört sagte: »Walter hat es gar nicht nötig fremdzugehen.«

Wie kann man nur so dumm sein! Ich musste noch eine Spur schärfer werden: »Dein wirklich reizendes Gilet sitzt eine Spur zu eng, und es sieht so aus, als würden deine kaum vorhandenen Brüste platt gedrückt. Es sieht aber nur so aus.« Evi schluckte. Und Birgit antwortete schnell: »Ich habe einfach zu große Brüste.« – »Das glaubst du nur«, antwortete Evi, »weil sie schon ein wenig hängen.« – »Deine Brüste», sagte ich schnell zu Birgit, »sind doch ganz durchschnittlich.« – »Besser die Brüste hängen als der Arsch«, antwortete Birgit und sah mir dabei fest in die Augen, »sagt zumindest mein Peter immer.« – »Aber da gibt es auch schon Hilfsmittel, falls dein Peter ein Problem mit seinem hat«, sagte ich schlagfertig.

Wir prosteten uns heftig zu, tranken auf die Freundschaft und bestellten eine weitere Flasche.

Danach gingen wir noch ins Utopia in ein Konzert. Ich riss mir einen Kerl auf, um Evi und Birgit endlich loszuwerden, und ging mit ihm in seine Wohnung. Außerdem wollte ich mir endlich etwas Gutes tun. Ein Alt-Achtundsechziger, gepflegt, mit Bauchansatz. »Wasser«, behauptete er, »nicht vom Essen.« Arbeitet bei Greenpeace und wohnt in einer Wohngemeinschaft. Und das mit Ende vierzig. Na ja. Er konnte dann nicht. »Zu viel getrunken«, beteuerte er. Ich dachte sowieso nicht, dass es an mir liegt. Ich schliff die Messer. Gedanklich. Und musste wieder an Evi und Birgit denken. Ich werde gar nicht gerne enttäuscht. In der Nacht noch verließ ich den Typen, ging ins Hotel, nahm ein heißes Bad und lud eine junge Frau, die alleine, gut gebaut, dezent geschminkt an der Bar saß, auf ein Glas Magenbitter – mehr bot der kleine Kühlschrank nicht an – in mein schäbiges Zimmer ein. Ihre Haut gesund, ohne Mitesser. Wir verwöhnten einander mit Zärtlichkeiten. Die Batterie ihres fleischfarbenen Vibrators, den sie, wie sie sagte, immer in ihrer Handtasche hat, war schnell leer. Ersatz gab es keinen. Darauf sagte ich ihr frustriert, dass sie beginnende Zellulitis auf ihren Oberschenkeln hat, sie sollte entweder regelmäßig ins Fitnesscenter gehen oder in die Apotheke, um wenigstens mit Hilfe von Medikamenten zu versuchen, ihr Aussehen zu verbessern. »Außerdem«, bemerkte ich, »hast du für meinen Geschmack zu dicke Oberarme und zu dünne Waden. Ein gezieltes Fitnessprogramm kann da sicher einiges bewirken. Oder bist du zu faul?« Zufrieden merkte ich, dass ich sie mit meinen Äußerungen sehr kränkte. Das entspannte mich augenblicklich.

Sie

Das Selbstbewusstsein meiner Mutter ist beachtlich, sie streckt sich beim Gehen, zieht den Bauch ein, trägt ihre großen, schweren Brüste stolz. Ihre Kleider gewähren immer Einblicke. Obwohl sie korpulent ist, wirkt sie nicht behäbig und schwerfällig, sie ist in allem langsam und wirkt dabei sinnlich.

Ich gebe zu, ich probiere es auch. Ich ziehe die Schultern nach hinten, strecke den Rücken, schiebe meine kleinen Brüste stolz nach vorn, ziehe den Bauch ein, gehe langsam und weich, versuche einen Hüftschwung.

Die Brüste meiner Mutter hatten Warzen, die sie sich hat entfernen lassen. Da Narben geblieben sind, trägt sie jetzt immer ein Bikinioberteil.

Du musst dich mehr eincremen, sagt sie.

Du hast zugenommen, nicht wahr, antworte ich.

Mein Vater sagt, du solltest auch abnehmen, und mit meinem Handtuch massiert er dabei unanständig und lange sein Geschlecht. Die nasse Badehose liegt zu seinen Füßen.

Es ist mein Badetuch, sage ich.

Na und, antwortet er lachend, ich mache es nicht schmutzig, nur nass. Deine Mutter rasiert sich die Schamhaare ab, hast du das gewusst, fragt mein Vater und grinst.

Sei still, sagt meine Mutter, ich mache es, weil er es will.

Ich habe es schon gesehen, sage ich, als du dich umgezogen hast.

Mein Vater zieht etwas umständlich seine Badehose wieder an, wirft mir mein Handtuch zu, sagt, weißt du wie man Spermaflecken entfernt? Mit kaltem Wasser, einfach mit kaltem Wasser.

Tut es weh, das Rasieren, frage ich.

Nein, gar nicht, Spaß macht es, sagt sie und lacht ordinär, ich habe es von meiner Kosmetikerin machen lassen, sagt sie.

Eine vulgäre Frau, setzt mein Vater hinzu.

Meine Mutter auf einem Zahnarztstuhl, mit einer Gesichtsmaske im Gesicht, mit einer Frau an ihrer Seite, die ihre Fingernägel manikürt und einer, die sich über sie beugt, die ihre Unterhose wegschiebt und mit dem Rasiermesser auf ihre Schamhaare zusteuert. Nein danke. Ich stehe auf, ich gehe jetzt duschen, sage ich. Mein Vater ruft hinterher, du hast dein Handtuch vergessen. Das brauche ich nicht, behaupte ich. Ich will es nicht, nicht mehr.

Dann gehe ich zu einem der Brauseknöpfe im Duschraum. Ich ziehe mich aus, hänge meinen Bikini auf einen der Kleiderhaken. Ich uriniere immer beim Duschen, ohne schlechtes Gewissen, ich mag es, wenn es warm zwischen meinen Beinen rinnt, und durch Urin wird auch kein Fußpilz übertragen, außerdem vermischt er sich mit dem Wasser, und wenn mich die anderen Frauen beobachten, warte ich immer, dass sie mich ansprechen und darauf hinweisen, dass man das einfach nicht tut, dass das unanständig ist und unappetitlich, aber sie sagen nichts, sie starren nur zwischen meine Beine und beobachten angewidert, wie der Harn abrinnt. Sie trauen sich nicht, etwas zu sagen. Nicht einmal diese kleinen Mädchen, die noch ungeniert sind und ehrlich und noch keine Schamhaare haben, auch die sagen nichts. Und ich betrachte sie, wie sie ihre Körper einseifen, ihre Haare, wie sie ihre Körper dem Wasserstrahl entgegenhalten. Ich achte auf die Schambehaarung der Frauen und führe Statistiken, wie viele rasiert sind. Einige ziehen sich nicht nackt aus beim Duschen. Ich achte auf die Schamhügel, auf die Ringelung der Schamhaare, manche sind nur zurechtgeschnitten, manche sind gefärbt, mit Henna, ganz natürlich, hat mir einmal eine erzählt, manche haben so überhängende Bäuche, dass man die Scham kaum sehen kann, ich betrachte und beurteile die Brüste, harte Brustwarzen. Manche Frauen lächeln mich begehrlich an, aufdringlich vielleicht, oft denke ich, sie sind lesbisch oder wollen es werden, nein, will ich dann sagen, ich bin auf eine merkwürdige Weise ungeschlechtlich, ich möchte nur schauen, ich möchte keine Berührungen, manche haben versucht, mich anzusprechen, mit mir zu flirten, aber ich bin immer abweisend, ich will das nicht, ich glaube, die Menschen werden gerne betrachtet, ich will das schon, aber ich brauche Distanz, ich will nichts Nahes, ich habe keine Sehnsucht nach Lust oder nach Sex. Ich habe meine Fantasie, das genügt, ich will die schlechten Wörter, die ich so oft gehört habe, nie aussprechen.

Vor meinen Eltern hat mir immer gegraust, auch vor den vulgären, ordinären Wörtern, die mein Vater verwendet hat. Mein Vater, der meiner Mutter ohne Hemmungen seine großen Hände auf die Brüste legte, ihr zwischen die Schenkel fasste, meine Mutter, die am Samstag beim Mittagstisch plötzlich seine Geschlechtsteile massierte, bis er stöhnte. Seltsame Gerüche im Haus, die mit großen Gefühlen zu tun haben mussten. Niemals wollte ich so von den Trieben abhängig sein. Die Männer brauchen das, hat meine Mutter erklärt, wenn sie halb nackt in Unterhose und BH hüfteschwingend in der Küche Kartoffeln schälte. Man darf auch einmal sagen, dass Sperma ekelhaft ist, das muss man auch sagen dürfen, dass einen manchmal davor ekelt, klärte sie mich auf. Männer, sagte sie dann, haben einen Trieb, und Frauen nicht. Und sie rief meinen Vater zu sich, er kam, ein wenig atemlos mit nacktem Oberkörper, er lehnte sich an ihren Rücken, umschlang sie, mit einer Hand fuhr er in den Büstenhalter, holte die Brust heraus, mit der anderen drückte er ihren Unterbauch. Sie schaukelten im Stehen, ich sah heimlich zu, meine Mutter summte dabei ein ganz bestimmtes Lied, mein Vater nestelte an seiner Hose, dann rannte ich davon.

Männer sind arm, erkannte ich damals, weil sie von ihrer Lust dominiert werden und abhängig sind.

Ich lauschte dem schrecklichen Keuchen in der Nacht, hatte Angst, mein Vater würde meiner Mutter wehtun. Nie, nie, nie wollte ich mich so gehen lassen und so unästhetische Laute ausstoßen.

Ich verlasse die Dusche, ganz knapp hinter mir eine Frau, die ich genau beobachtet habe, wie sie sich eingeseift, massiert und gestreichelt hat, wie ihre Brustwarzen hart geworden sind, auch sie hat mich neugierig betrachtet, dann hat sie sich langsam abgetrocknet, das Handtuch oft zwischen ihren Schenkeln hin und her geschoben. Sie müssen schon trocken sein, wollte ich sagen. Der Körper geschmeidig und weich, die Hüften breit, die Brüste ungleich, klein und ein wenig hängend, wahrscheinlich haben schon viele Kinder daran gesaugt, davon getrunken, die Brüste ausgesaugt, vielleicht waren es aber auch Männer und Frauen, die die Brustwarzen in den Mund genommen haben und mit der Zunge gespielt, oder in die Brustwarzen gebissen, oder vielleicht waren es auch Hände, die diese Brüste gedrückt haben, oder gestreichelt oder geknetet. Oder vielleicht sind sie auch ignoriert worden, diese Brüste, abgelehnt. Es gibt Übungen zur Stärkung der Brustmuskulatur, hätte ich sagen können. Dann zog sie ihren Bikini wieder an.

Sie packt mich kurz am Oberarm.

Lassen Sie das, bitte, sage ich laut, sie nimmt ihre Hand sofort weg und sagt, in einer Stunde nochmals duschen? Ich spüre ein Ziehen im Unterleib, ich werde feucht in meiner Scham, ich drehe mich um, aber da ist sie schon weggegangen, ich schaue auf die Uhr. In einer Stunde. Als ich zu unserem Liegeplatz gehe, sitzt meine Mutter auf dem prallen Hintern meines Vaters. Er hat feste Schenkel. Mein Vater, auf dem Bauch liegend, greift schwerfällig nach hinten und knetet ihr Fleisch, ihre Schenkel. Hopp, hopp, sagt meine Mutter und schaukelt in einem mir bekannten Rhythmus auf meinem Vater.

Ich will unterhalten werden, mir ist fad, ich starre auf die Uhr.

Ich gehe sicher nicht noch einmal duschen, was will sie von mir, ich kenne die fremde Frau nicht, sie bedrängt mich, ihre Ausstrahlung war aufdringlich, mit Fremden will ich doch nichts zu tun haben, ihre Zähne weiß und schrägstehend, die Lippen schmal und ebenmäßig, Vielleicht ist es doch schön, geküsst und berührt zu werden, ich möchte zärtliche Worte hören, die um mich werben. Nein, kann ich dann immer noch sagen. Ich halte meine Uhr regelmäßig gegen das Sonnenlicht. Ich atme schwer. Ich liege erstarrt auf meiner Decke, jetzt, ich spüre wieder das Ziehen in meinem Unterleib, ich sehe sie vor mir, unter der Dusche, nackt, sie wird auf mich warten, sie wird mich anfassen wollen, meine Brustwarzen küssen, mich an die Wand pressen, nach meiner Telefonnummer fragen, sagen, dass sie mich begehrt, in der Fantasie ist viel mehr erlaubt als in der Wirklichkeit, und ich bin nicht bereit, mich verführen zu lassen, so etwas mache ich nicht, ich widerstehe den Verlockungen, ich brauche nicht noch einmal duschen zu gehen, ich habe auch kein Handtuch, die Sonne brennt in mein Gesicht, ich schwitze, ich setze mich auf, ich creme mich mit Sonnenmilch ein, die würde ich nur wieder abwaschen, wenn ich jetzt duschen gehen würde, die Sonnenmilch tropft auf meine Uhr, sie verklebt sich, ich sehe nicht, wie spät es ist, ich habe nicht mehr die Möglichkeit, zu einer bestimmten Zeit irgendwo zu sein. Ich drehe mich auf den Bauch, mein Kopf ist heiß, ich versuche zu schlafen. Mein träger Blick fällt auf meine Eltern. Meine Mutter sagt in meine

Richtung, ich gehe mich jetzt abkühlen, kommst du mit? Nein, antworte ich, ich will schlafen. Mein Puls erhöht sich, ich werde doch wieder Beruhigungstabletten nehmen. Ich will mich über nichts aufregen. Ich habe oft sehr erotische Träume. Ich sehe sie vor mir, die Schöne, wie das Wasser über ihr Gesicht, über den Körper rinnt, wie sie die Beine spreizt, wie ich mich zwischen ihre Schenkel dränge. Ob meine Mutter sie sehen wird? Ob die Fremde erkennen wird, dass meine Mutter eine geile Person ist mit schlechten Absichten?

Ich muss mich wieder entspannen. Es ist sehr heiß. Das Kindergeschrei ist unerträglich. Vielleicht bekomme ich einen Sonnenbrand. Ich fühle mich angenehm müde und ein wenig erschöpft. Eine Geschlechtskrankheit kann ich nie bekommen. Von der fremden Frau träume ich ein wenig träge in der Sonne. Das genieße ich. Mich stressen keine großen Gefühle. Ich führe ein unbeschwertes, unbelastetes, unabhängiges Leben. Ein angenehmes Leben.

Das Wunschkind

Sie ist berufstätig, nie krank, sie leistet sich nicht viel, sie ist sparsam, sie macht ein paar Überstunden pro Woche, sie geht ab und zu ins Kino und hat gesunde Freunde. Ihre Eltern sind nette Menschen, jeden Freitag putzt sie ihre Wohnung. Ihre Wohnung hat ein Wohn- und ein Schlafzimmer. Und ein Kinderzimmer, obwohl sie keine Kinder hat. Aber die Architekten planen in alle Wohnungen ein Kinderzimmer. Sie lädt niemanden ein. Sie kann es nicht leiden, wenn fremde Menschen ihr Klo benutzen. Sie führt ein zufriedenes Leben. Sie achtet darauf, jede Nacht mindestens acht Stunden zu schlafen. Sie versucht, Aufregungen zu vermeiden. Sie ist ausgeglichen.

Aber jeder braucht auch Abwechslung im Leben, überlegt sie, jetzt Mitte dreißig, eine Veränderung, das wäre doch etwas. Sie liegt im Campingbett am Balkon, lässt sich von der Sonne wärmen, möchte braun werden, schön ist diese ungesunde Bräune ja doch. Und sie denkt über diese öde Langeweile in ihrem Leben nach und beschließt, etwas aus ihrem Leben zu machen. Und während sie den Himmel, diesen stahlblauen, sommerblauen Himmel betrachtet, fällt es ihr ein: Sie will ein Kind mit diesen Augen. Und eine samtschimmernde Haut soll es haben, an die Wiesen und an die gute Landluft ihrer Kindheit soll es sie erinnern.

Ihr Kind wird geschlechtslos sein dürfen. Das gibt sie als Sonderwunsch an auf dem Fragebogen des Anmeldeformulars. Kein menstruierendes Mädchen, keine Ergüsse auf den Bettlaken pubertierender Burschen. Ihr Kind wird sich auf alles andere konzentrieren können. Ihr Kind wird hübsch sein und außergewöhnlich klug und es wird himmelblaue Augen haben und dichtes Haar. Ihr Kind wird proper sein, schlank und sportlich. Dadurch wird ihr Kind gefragt sein, und es wird unbekümmert bleiben, nicht irgendwelchen Emotionen ausgesetzt sein. Ihr Kind wird klar und unbeeinflusst denken können.

Was bekommt sie heute schon um 3000 Schilling, nicht einmal ein neues Aquarium. Sie wollte immer schon irgendetwas Streichelbares, Kuscheliges: einen Hund, eine Katze oder ein Kind. Jetzt hat sie sich für ein Kind entschieden, obwohl kleine Kinder spucken. Aber Kind ist Kind, hat sie sich gesagt.

Eine Injektionsnadel wird sie auffüllen und sie wird aufgehen wie ein Kuchen bei 200 Grad. Und ihr Körper wird endlich seiner Bestimmung übergeben. Der Hohlraum in ihrem Körper findet sinnvolle Verwendung. Endlich. Ihr Bauch wird voll sein, sie wird aufgebläht sein und der Menschheit ihren Bauch entgegenstrecken, und sie wird sagen können: Jetzt werde ich Mutter und gebären. Und ihr Gesicht wird aufgequollen sein vor lauter Glück.

Es ist leicht verdientes Geld. Es ist ein sonniger Morgen, Stöckelschuhe klappern an ihm vorbei, als Albert langsam ins Krankenhaus schlendert und seiner monatlichen Vertragsverpflichtung nachkommt. Er ist schon lange arbeitslos. Irgendetwas muss er ja tun. Er will dazuverdienen. In Zeiten wie diesen. Er will sich auch etwas Schönes kaufen können. Abgabetermin, er ist pünktlich. Er erhält beim Schalter eine Nummer, wird dann aufgerufen. Der Krankenpfleger ist sehr freundlich, gepflegt, die Haare kurz geschnitten. Er lächelt ihn an, ein wenig geil, denkt Albert und grinst, folgen Sie mir bitte in das kleine Zimmer.

Er stellt ihm ein paar Fragen. Das Übliche. Nein, er hatte am Vorabend keinen Geschlechtsverkehr. Je länger die Enthaltsamkeit vorher, desto besser das Material. Ja, er hat gut gegessen, nicht zu fett, keinen Alkohol getrunken und ist ausgeschlafen. Der Krankenpfleger lächelt zufrieden. Frohes Schaffen, sagt er, dreht sich um. Albert sieht ihm nach. Die Hose ist zu eng, spannt appetitlich um das runde Hinterteil. Gleich wird die Hose platzen. Die Tür fällt laut hinter ihm ins Schloss.

Albert fühlt sich beobachtet. Ob der Krankenpfleger jetzt vor dem Schlüsselloch stehen und ihn beobachten wird? Er hätte gerne ein wenig Hilfe, warme, gepflegte, geübte Hände … Wir sind in einem Spital!

Das Zimmer ist klein und die Wände sind weiß ausgemalt. Bei der Tür ist ein Waschbecken, und daneben liegen Erfrischungstücher. Inmitten des Zimmers steht auf einem Sessel eine kleine, weiße Schüssel. Es gibt kein Fenster, das Licht der Leuchtstoffröhre ist grell. Auf der Tür klebt das Bild einer nackten Frau. Hochglanzpapier. Ihr Gesichtsausdruck stellt Ekstase dar. Die Lippen sind rot. Die Brüste sind groß, die Scham-

haare sind schwarz. Er soll sich jetzt etwas vorstellen und geil werden. Selbstbedienung. Er stellt sich Fische vor. Wie er sie mit bloßen Händen aus einem See oder dem Meer fängt, wie sie sich anfühlen, glitschig und nass, wie er sie in den Mund steckt und wie er langsam zubeißt, wie er sie zwischen den Zähnen zermalmt, während sie verzweifelt zappeln.

Er ejakuliert in das bereitstehende Gefäß.

Danach klopft er an die Tür, das Gefäß wird ihm abgenommen, und er darf hinaus.

Haben Sie Ihre Hände desinfiziert, fragt der Krankenpfleger sachlich. Er nickt, dann muss er seine Erkennungskarte durch einen Schlitz ziehen, während der Mann vor einem Bildschirm sitzt. Sie waren schon oft hier, sagt er, ich will nur noch Ihre Kontonummer überprüfen. Dann ist Albert entlassen. Draußen scheint wieder die Sonne in sein Gesicht. Er fühlt sich wohl. Er hat Hunger. Er ist froh, dass er immer so unproblematisch funktioniert. Jetzt darf er etwas Fettes essen und ein Bier dazu trinken. Er wird mit dem heute verdienten Geld einen kleinen Urlaub am Meer machen, ach so, man darf als Arbeitsloser nicht ins Ausland reisen, sonst wird die Unterstützung gekürzt, dann wird er sich doch lieber einen Hund kaufen, Hunde sind angeblich sehr anhänglich.

Sie liegt inzwischen satt und zufrieden auf dem Krankenbett in einem anderen Raum. Sie ist bereit. Das Bett ist breit, die Matratze hart, der Fernseher bietet 27 Programme. Bevor der Arzt mit den kaputten Zähnen sie in die Bewusstlosigkeit spritzt, bittet sie ihn, den Fernseher nicht abzudrehen, damit sie sich nicht einsam fühlen muss, wenn sie wieder wach wird. Eine Krankenschwester jagt mit einer Schüssel herbei. Der Arzt zieht die Spritze auf. Als sie zu sich kommt, ist sie schwanger. Und sie sieht im Fernseher einen Film über eine Geburt. Ekelhaft. Das Schwangerschaftsturnen dürfen Sie nicht vergessen, sagt die Krankenschwester, gleich werden Sie glücklich sein, und drückt ihr eine Videokassette in die Hand.

Als sie wieder in ihrer Wohnung ist, befühlt sie ihren Bauch. Das kann sie jetzt jedem erzählen. Alle werden stolz auf sie sein. Die Eltern und Tante Gerda. Sie ist jetzt jemand. Jeder hat seine Bestimmung, denkt sie, und schließlich hat sie dafür viel Geld ausgegeben.

Aber je länger sie nachdenkt über die Schwangerschaft, umso mehr denkt sie an die Folgen, an die ausgezehrte Haut, an die Krampfadern, die durch eine Schwangerschaft erst entstehen, wie unattraktiv sie werden wird, fett, und mit geschwollenen Beinen, und das alles wegen des albernen Wunsches, ein Kind zu gebären, da bereut sie ihre Entscheidung. Sie möchte sich den Fötus rausschneiden, oder die ganze Gebärmutter herausreißen, herausschneiden, sie will einen leeren, straffen Bauch, sie will ihre Ruhe haben, sie will sich ausleeren. Sie will, dass es aus ihrem Körper fällt. Sie setzt sich aufs Klo. Es passiert nichts. Muss sie das Kind jetzt ausbrüten?

Jemand lächelt sie aufmunternd an. Sie ist verzweifelt. Und erst diese Probleme! Wo kauft man Babynahrung, Kinderkleidung, ein Gitterbett, einen Kinderwagen, und wer soll das Kind stillen und die Windeln wechseln? Und was passiert, wenn das Kind krank wird? Niemand ist zuständig, nur alle gratulieren ihr.

Es ist ein wahr gewordener Albtraum. Sie will die Last in ihrem Bauch nicht. Sie hat es sich überlegt. Vor allem will sie keine Schmerzen. Und schon gar nicht durch eine Geburt. Schließlich ist sie zusatzversichert. Und sie ist auch keine Märtyrerin. Sie wird mit ihrem Frauenarzt verhandeln. Er soll ihr die aufgefüllte, schon etwas aufgeblähte Gebärmutter aus dem Bauch herausholen. Ihrer Figur zuliebe. So bleibt sie schön und ansehnlich, beweglich und unabhängig. Die Gebärmutter wird sie in ihr Aquarium legen. Die Fische hat sie schon letzten Freitag herausgenommen und zum Biomüll geworfen. Fische hatte sie lange genug.

Außerdem kann sie so die Entwicklung ihres Kindes beobachten und überprüfen, und wenn es ihr nicht mehr gefällt, kann sie es immer noch entsorgen.